よくわかる！

日本語能力試験
合格テキスト

N2

文法

南雲智 監修
尹貞源 著

はじめに

　私たち留学生就職サポート協会は 2019 年 8 月に発足した一般社団法人です。日本に留学した外国人留学生が日本の教育機関を卒業後、日本の企業に就職するためのサポートを目的としています。

　日本で就職するためには、かなり高度の日本語能力が企業からは求められます。そこで私たちは 2021、22 年度に日本語能力試験 N1 に合格できる日本語の力が身につく日本語テキスト 5 冊（読解、聴解、文法、漢字、語彙）を作成、出版しました。

　一方、N1 レベルを学習するまでの日本語能力に到達していない日本語の学習者がたくさんいることも知りました。そこで、N1 レベルには到達していないけれど、もう少し日本語能力向上の学習をすれば、日本語能力試験 N2 に合格できるにちがいない学習者の皆さんのために、『よくわかる！日本語能力試験 N2 合格テキスト』5 冊を刊行することにしました。

　どの領域も学習者が興味を持ち続け、学習意欲を落とさずに日本語能力が高められるように工夫されています。留学生の皆さんがこの教科書を手にし、最後まで手放さず日本語能力試験 N2 に合格できることを私たちは心から祈っています。

　どうぞ、この『よくわかる！日本語能力試験 N2 合格テキスト』を信頼して学習を進めていってください。

2023 年 9 月

留学生就職サポート協会理事長　南雲 智

◎本書の学び方について

☆　文型を覚えるときは、前後によく使われる表現にも注意しましょう。

☆　例文は普段よく使われるものや、最新の話題を入れてあります。とくに下線部のところは丸暗記しましょう。

☆　巻末の機能別索引（246 ページ）は、試験直前のまとめとしても役立つと思います。頻度別マークを参考に勉強しましょう。

◎本書の読み方・使い方

この本は、文型に対して問う「問題1タイプ」の練習のために作られたものです。

機能別に大まかに分けて200個の文型を紹介しています。

大まかにと言いましたのは、一つの文型にはたくさんの意味や機能があるからです。

例えば、119「〜により」は原因や根拠、または手段や方法など、様々な意味を持っています。この本では〈原因・理由〉のところに入れてあります。

こうした理由から、〈　　〉の中の小タイトルは、大体の目安としてご理解いただければと思います。

難しい文法の説明はなるべく省き、やさしい例文で意味をすぐ理解できるようにしました。特に、文中の下線部のところは、そのまま丸暗記しましょう。またよく使われるものを＊印の後に追加しています。難しいと感じられるものは注意点などをしっかり頭に入れて置き、易しい文型は一通り目を通すだけでいいと思います。

勉強を進める順序は、最初からでなくても大丈夫ですので、15章のどこから始めてもいいでしょう。

よく出る文型を頻度順に ●●● ●●● ●●● 印をつけていますが、参考程度にしてください。

また本の後ろに出る機能別索引に代表例文を載せてありますので、試験の直前の対策として役立ててください。

文型についての問題のパターンは色々あります。

①　助詞との組み合わせ；助詞（が、に、の）など

　　再入場（の際は）、半券が必要です。

②　適切な品詞との組み合わせ；名詞、形容詞、動詞など

　　（卒業にあたり）、祝辞を述べさせていただきます。

③　その時制との組み合わせ；現在形、過去形（た形）、ている形など

　　班長に（なった途端）、えらそうな態度を取った。

文脈が通じるように（　　）の中に入る適切なものを選びましょう。

この本では、次のように、意味や接続の仕方、例文、注意点、問題の順に提示しています。

1 〜際（は／に／には）●●● （硬）

意味 〜とき、〜機会に

接続 Nの＋際（は／に／には）

V・Vた＋際（は／に／には）

例文 ・来院の際に必ず健康保険証をご持参ください。

・直接おいでになる際は、お電話にてその旨をお伝えください。

＊ ・お帰りの際は、出入りの際には、お困りの際は、利用する際は、解約する際は

★ 後半に依頼表現「〜ください」が来ることが多い。

★★ 「公的な場面」でよく使われる。

友達や家族の会話など、日常のことではあまり使わない。

★★★ 「この際」は「いい機会だから」という意味で、前から言いたかったことをやっと

言う時に使う。

例 この際、もう別れよう！

問題

① 駅や車内で「不審物」を（　　　）、係員か警察へ通報してください。

a 見つけた途端　　　　　b 見つけた際は　　　　　c 見つけたに先立ち

② 再入場（　　　）、半券が必要です。

a の際は　　　　　　　　b のための際は　　　　　c に際は

◎この本で使用しているマーク

●●● 非常によく出る文型

●● よく出る文型

● たまに出る文型

（硬） ビジネスや公的場面などで使われる、硬い言い方

（話） 友だちや家族など親しい間柄で使われる、話し言葉

（書） 手紙や案内文などで使われる、書き言葉

（－） マイナス評価。後悔や批判、残念な気持ちなどを表す時によく使われる。

（＋） プラス評価。ほめたり、認めたりする時によく使われる。

（＝） 同じ

✳ 慣用的な言い方

＊ よく使われる表現

★ 解説、注意点

■ 比べよう

○ 正しい→ 例 ○「ありえない」「ありうる」

× 間違い→ ×「ありうない」

◎接続の表示方法

品詞	活用形	解説文中の表示	例	
動詞	辞書形（終止形） 基本形（現在形）	V	2	V ＋に際して
	ない形	V ない	83	V ない＋限り（は）／限り（では）
	~~ない~~	V ~~ない~~		
	ます形	V ます	7	V ます＋つつある
	て形	V て	16	V て＋以来／このかた
	た形	V た	5	V た＋途端に
	ている形	V ている	10	V ている＋最中に／最中だ
	ば形	V ば	156	N ＋（助詞）＋さえ＋V ば
	意向	V う・V よう	13	V う・V よう＋としている
	可能	V られる／れる	89	V れる＋ものなら／もんなら
	受身	V られる／れる	131	V られる＋まま（に）
	使役	V させる／せる	169	V させる＋わけにはいかない
	命令形	V 命令形		

★普通形：上記の辞書形／ない形／た形（87V 普通形＋と＋したら／すれば／すると）
　（食べる、食べない、食べた、食べなかった）

品詞	活用形	解説文中の表示	例	
い形容詞	辞書形（終止形） 基本形（現在形）	A	11	A ＋うちに
	ない形	A くない	138	A くない＋ものだ／もんだ
	て形	A くて	173	A くて＋仕方ない
	た形	A かった	87	A 普通形＋としたら
	ば形	A ければ	159	A ければ＋こそ

★普通形：上記の辞書形／ない形／た形（67A 普通形＋とか）
　（大きい、大きくない、大きかった、大きくなかった）

品詞	活用形	解説文中の表示	例	
な形容詞	辞書形（終止形）	㋫Aだ		
		である	28	㋫Aである＋上（に）
	基本形（現在形）	㋫Aな	26	㋫Aな＋だけ
	語幹　㋫A		25	㋫A＋とは限らない
	ない形	㋫Aでない	92	㋫Aでない＋ことには
	て形	㋫Aで	136	㋫Aで＋ない＋ことはない
	た形	㋫Aだった	87	㋫A普通形＋としたら
	ば形	㋫Aなら	156	N＋（助詞）＋さえ＋㋫Aなら

★普通形：上記の辞書形／ない形／た形（94㋫A普通形＋ものの／とはいうものの）
（親切だ、親切ではない、親切だった、親切ではなかった）

品詞	活用形	解説文中の表示	例	
名詞	辞書形（終止形）	N~~だ~~　である	28	Nである＋上（に）
	基本形（現在形）	Nの	1	Nの＋際（は／に／には）
	語幹	N	4	N＋に先立って／先立ち
		N~~する~~	2	N~~する~~／に際して
	ない形	Nでない	92	Nでない＋ことには
	て形	Nで	136	Nで＋ない＋ことはない
	た形	Nだった	87	N普通形＋としたら
	ば形	Nなら	156	N＋（助詞）＋さえ＋Nなら

★普通形：上記の辞書形／ない形／た形（97N普通形＋からといって／からって）
（本だ、本ではない、本だった、本ではなかった）

◎日本語能力試験〈N2〉について

試験日；年2回（7月と12月の日曜日） ＊海外では年1回のところもあり。

2010年より新しい試験方式になりました。解答は前試験同様、マークシート方式です。

N2レベル目標：「幅広い場面で使われる日本語を理解することができる」（JLPT HPより）

試験の構成内容		大問		小問数	点数
言語知識 （文字・語彙・ 文法） ・ 読解 （110分）	文字 語彙	問題1	漢字の読み	6	0～60点 （基準点19点）
		問題2	文脈規定	7	
		問題3	言い換え類語	6	
		問題4	用法	6	
	文法	問題5	文の文法1（文法形式の判断）	10	
		問題6	文の文法2（文の組み立て）	5	
		問題7	文章の文法	5	
	読解	問題8	内容理解（短文）	4	0～60点 （基準点19点）
		問題9	内容理解（中文）	9	
		問題10	内容理解（長文）	4	
		問題11	統合理解	3	
		問題12	主張理解	4	
		問題13	情報検索	2	
聴解 （60分）		問題1	課題理解	6	0～60点 （基準点19点）
		問題2	ポイント理解	7	
		問題3	概要理解	6	
		問題4	即時応答	14	
		問題5	統合理解	4	
合格点100点／180満点（一つでも基準点に達していなければ、不合格）					

＊小問数は予想です。試験日、実施地、出願方法など、最新情報は日本語能力試験の公式ホームページ　https;//www.jlpt.jp　をご覧ください。

よくわかる！日本語能力試験 N2 合格テキスト〈文法〉目次

【文型学習編】
第 1 章　時間関係の文型を覚えよう！　Ⅰ
〈とき・直後〉

〈進行中・途中・変化〉

第2章　時間関係の文型を覚えよう！　Ⅱ

第3章　限定・付加などの文型を覚えよう！

第4章　話題・対象・立場などの文型を覚えよう！
〈話題・対象・立場〉

第5章　基準・手段・方法などの文型を覚えよう！
〈基準・手段・方法〉

第<ruby>第<rt>だい</rt></ruby>10章<ruby>章<rt>しょう</rt></ruby> 原<ruby>原<rt>げんいん</rt></ruby>因<ruby>因<rt>りゆう</rt></ruby>・理由などの文<ruby>文<rt>ぶんけい</rt></ruby>型を覚<ruby>覚<rt>おぼ</rt></ruby>えよう!

〈原<ruby>原<rt>げんいん</rt></ruby>因<ruby>因<rt>りゆう</rt></ruby>・理由〉

第<ruby>第<rt>だい</rt></ruby>11章<ruby>章<rt>しょう</rt></ruby> 根<ruby>根<rt>こんきょ</rt></ruby>拠<ruby>拠<rt>はんだん</rt></ruby>・判断などの文<ruby>文<rt>ぶんけい</rt></ruby>型を覚<ruby>覚<rt>おぼ</rt></ruby>えよう!

〈根<ruby>根<rt>こんきょ</rt></ruby>拠<ruby>拠<rt>はんだん</rt></ruby>・判断〉

第12章　可能・不可能・評価・禁止などの文型を覚えよう！

〈可能・不可能〉

〈評価・禁止〉

第13章　結果・強調などの文型を覚えよう！

〈結果〉

第14章　主張・判断・提案などの文型を覚えよう！

文型学習編

〈とき・直後〉

1　〜際（は／に／には）●●● （硬）

意味　〜とき、〜機会に

接続　Nの＋際（は／に／には）

V・Vた＋際（は／に／には）

例文
・来院の際に必ず健康保険証をご持参ください。

・直接おいでになる際は、お電話にてその旨をお伝えください。

✱　・お帰りの際は、出入りの際には、お困りの際は、利用する際は、解約する際は

★　後半に依頼表現「〜ください」が来ることが多い。

★★　「公的な場面」でよく使われる。

友達や家族の会話など、日常のことではあまり使わない。

★★★　「この際」は「いい機会だから」という意味で、前から言いたかったことをやっと言う

時に使う。

例　この際、もう別れよう！

問題

① 駅や車内で「不審物」を（　　）、係員か警察へ通報してください。

　　a 見つけた途端　　　　　b 見つけた際は　　　　　c 見つけたに先立ち

② 再入場（　　）、半券が必要です。

　　a の際は　　　　　　　b のための際は　　　　　c に際は

2 〜に際し（て）💬💬💬（硬）

意味 〜する前に、〜始めるときに（直前にする、1回限りのこと）

接続 N-する／ V ＋に際して

例文 ・国際会議を開催するに際し、警備が一段と厳しくなってきた。

・かながわ旅割のご利用に際して、3回目接種の証明書を提示してください。

✴ ・非常に際し、留学に際して、年頭に際して、発送に際して、評価に際して、利用するに際して

★ 「公的な場面、お知らせの看板」などによく使われる。日常のことではあまり使わない。

★★ 特別な機会を表す「開店、結婚、就職、受験、入学、卒業、発表」などの名詞や、「Nする」タイプの動詞がよく来る。

★★★ 「〜に際し」は「〜に際して」よりも、さらい硬い言い方。

問題

① 図書館の貸出（　　　）、図書カードをお見せください。
　a の際では　　　　　　　b の際して　　　　　　　c に際して

② カナダにいる友人を（　　　）際して、たくさんのお土産を用意した。
　a 訪問の　　　　　　　　b 訪問での　　　　　　　c 訪問するに

〈とき・直後〉

3 ～にあたって（は）／～にあたり ●●● （硬）（＋）

意味 ～する時（前もってする、1回限りのことや決意など）

接続 N̶す̶る̶／V ＋にあたって（は）／にあたり

例文
・本サービスへのお申込みにあたり、次の事項についてご確認ください。
・結婚するにあたり、彼女を絶対に幸せにしたいと改めて実感しました。

＊ ・ご契約にあたり、相続にあたり、新年を迎えるにあたり、提供するにあたり

★ 特別な機会を表す「開店、結婚、就職、受験、入学、卒業、発表」などの名詞や、「Nする」タイプの動詞がよく来る。

★★ 「～にあたりまして」はとても硬い表現。

★★★ 「～に際し」と入れ替えが可能な場合もあるが、
「～にあたって」はマイナスイメージの言葉（離婚、手術など）には付かない。

> **例** ○ 離婚するに際し、財産のほとんどを妻に取られた。
> × 離婚するにあたって、財産のほとんどを失った。

★★★★ 「～に際し」は単純に時を表すのに対し、
「あたり」は準備の意味合いが強いので、入替不可の場合もあります。

> **例** ○ 食事の際にはマスクを外してもよい。
> × 食事にあたってマスクを外してもよい。

問題

① 手術に（　　）、事前準備事項をご説明します。

　　a あたって　　　　　　b 途端に　　　　　　　c 取りに

②（　　）にあたり、祝辞を述べさせていただきます。
　　a 卒業　　　　　　　　b アルバイト　　　　　c 食事

4 ～に先立って／～に先立ち ●●●

意味 ～する前に（準備として～しておく、順序に焦点）

接続 N ／ V ＋に先立って／先立ち

例文
・映画館での上映に先立ち、関係者だけの映画試写会が行われた。
・クルーズ船で旅するに先立って、ドレスを用意したり、保険に加入したりした。

✱
・引っ越しに先立って、公開に先立って、開催に先立ち、留学に先立ち、始めるに先立ち

問題

① （　　）に先立ち、老朽化したフェンスの修理を行います。

　　a 契約更新　　　　　　b 公園整備　　　　　c 新入居

② 夏祭りの開催（　　）、祭囃子の練習が毎日のように行われた。

　　a にわたり　　　　　　b に際して　　　　　c に先立ち

〈とき・直後〉

5 　〜た途端（に） ●●●

意味 〜したら、直後に（予期しなかった何かが変わる、起きる）

接続 Vた＋途端に

例文
・立ち上がった途端、めまいがした。
・港で彼を見た途端、走り出して抱きしめた。

★ 後半は必ず過去形で、意志や命令を表す「〜なさい、〜ください」などは来ない。

★★ 予期しなかったことが起きるので、当然のことには使えない。

例 × 牛乳カップを落とした途端、こぼれてしまった。

★★★ 話し手の主観を述べる文なので、時間差のある２つの事柄に使える場合がある。

例 ○ 戦争が起こった途端に、オイルやガスなど、物価が跳ね上がった。

問題

① 歌いはじめた（　　）、ざわついていた室内がしーんとなった。
　　a うちに　　　　　　　b 途端に　　　　　　　c 最中に
② 彼は班長に（　　）途端、えらそうな態度を取った。
　　a なる　　　　　　　　b なって　　　　　　　c なった

6 　〜折（に）／折（に）は ●● （硬）

意味 〜ときに、〜の機会に

接続 Nの／A＋折（に）／折（に）は
　　　　V・Vた＋折（に）／折（に）は

例文
・次回お目にかかった折に、海辺でピクニックでもしましょう。
・今度の研修会の折に、私の作った日本語文法の本を差し上げます。

＊
・会議の折、何かの折に、お忙しい折に、いらっしゃる折に、お伺いする折に、行った折に

★ マイナスのことにはあまり使わないが、手紙文では相手を気遣う表現として使える。

例 暑さも厳しい折から、くれぐれも体調にお気をつけください。

★★ 「〜のとき」より丁寧な言い方なので、若者が会話で使うことはあまりない

★★★ 後半に命令「〜なさい」、禁止「〜てはいけない」、義務「〜なければならない」などの表現は一緒に使えない。依頼表現「〜よう、〜ください」は使える。

問題

① 近くにいらした（　　）是非こちらに立ち寄ってください。
　　a 折には　　　　　　　b 際して　　　　　　　c 先立って

② 詳しいことは会議（　　）ご説明します。
　　a の最中に　　　　　　b の折に　　　　　　　c の下に

比べよう ① 時間関係の文型「〜に際し」「〜にあたって」「〜に先立って」

文型番号・文型	前半	後半	話、書、硬、(−／＋)
2　〜に際し	（直前にする）	アドバイスや勧誘の文がくる	（硬）
3　〜にあたって	（前もってする）（状況に焦点）	意志や勧誘の文がくる	（硬）（＋）
4　〜に先立って	（順序に焦点）		

例

○　今からテストを始めるに際し、本などをしまってください。
×　今からテストを始めるにあたって、本などをしまってください。

★　直前のことなので、「〜にあたって」は違和感がある。

（状況に焦点）コンクールを始めるにあたり、最高の審査委員を選んだ。
（順序に焦点）コンクールを始めるに先立ち、審査委員をご紹介します。

〈進行中・途中・変化〉

7 ～つつある ●●● (硬)

意味 だんだん～している（変化が進行中）

接続 Ｖます＋つつある

例文
・地球温暖化に伴い、熱波の発生頻度が高まりつつあります。
・その国は発展しつつあり、いつかは世界のリーダーとして躍り出るだろう。

＊
・近づきつつある、広まりつつある、向かいつつある、治りつつある、消えつつある

問題

① LGBT など性的マイノリティへの理解が（　　）あります。

　　a 進みつつ　　　　　　b 進んで　　　　　　c 進んでつつ

② 努力したかいがあって、会話の力が日々向上しつつ（　　）。

　　a あります　　　　　　b です　　　　　　　c おります

8 ～ばかりだ（一）／～一方だ ●●

意味 ますます～している、～だけだ

接続 V＋ばかりだ／一方だ（＝ますます～している）

（ただ）V＋ばかりだ（＝～だけた）

例文
・国家間の紛争の影響で、難民が増えるばかりだ。
・金銭問題でもめて以来、彼との関係は悪くなる一方だ。
・私はただあなたの幸せを願うばかりです。（＝幸せを願うだけ）

＊ ・値段が上がるばかりだ、成績が下がる一方だ、戦況が悪化する一方だ

★ 変化を表す動詞「増える、減る、良くなる、悪くなる、悪化する、広がる」などに付く。

★★ 「ばかりだ」は悪い方向に変わる場合にしか使えないが、
「一方だ」は良いことにも悪いことにも使える。

例 × 実力が上がるばかりだ。
　　○ 実力が上がる一方だ。

問題

① 母親はどんな状況であっても、子供の幸せをただ（　　　）ばかりだ。
　a 祈り　　　　　　　　b 祈る　　　　　　　　c 祈った
② 彼女は外出中に暴力を受けて以来、不安が募る（　　　）。
　a 向きだ　　　　　　　b 限りだ　　　　　　　c 一方だ

〈進行中・途中・変化〉

9 〜かける／〜かけの／〜かけた／〜かけている ◉◉

意味 〜途中の、〜ようとして、〜しそうだ

接続 Vます＋かける／かけの／かけた／かけている

例文 ・食べかけの料理を置いたまま、出かけていった。（＝食べている途中の料理）

・バオさんはいつも何かを言いかけては飲み込む。（＝言おうとしたが）

＊ ・作りかけ、壊れかけ、やりかけ、飲みかけ、読みかけ、腐りかけている、枯れかけ
ている

問題

① 子供の頃は、心臓が弱く、（　　）こともあったが、今は元気だ。

　a 死ねかけた　　　　　　b 死にかける　　　　　　c 死ぬかける

② （　　）は解けかけている。一日でも早く脱炭素社会を実現しなくては。

　a アイスクリーム　　　b 南極の氷　　　　　　c かき氷

10 ～最中に／～最中だ ●●

意味 ちょうど～しているところに／だ

接続 Nの／Vている＋最中に／最中だ

例文 ・イベントの最中に、地震が起こり、みな大慌てだった。
・大事な電話を待っている最中だから、静かにしてください。

＊ ・食事の最中に、面接の最中に、電話をしている最中に、調べている最中に

★ 状態動詞（いる、住むなど）や瞬間動詞（着く、走り出すなど）と一緒に使えない。

　　例　× 住んでいる最中に、津波が発生した。
　　　　　× 家に着く最中に、宅配便が届いた。

問題

① 演奏の（　　）大きな咳をするのは控えましょう。
　　a 最高に　　　　　　　b 最低に　　　　　　　c 最中に

② 打ち合わせを（　　）最中に私語は禁止です。
　　a している　　　　　　b する　　　　　　　　c するに

〈進行中・途中・変化〉

11 ～うちに／～うちは ●●

意味 ～している間に（しておこう／したい、自然に状況が変わった、状態が続く）

接続 Nの／Ａ／㊹Ａな＋うちに／うちは

Ｖない・Ｖている＋うちに／うちは

例文
・夏休みのうちに、海外旅行に行こうよ。（＝夏休みの間に）
・親が生きているうちに、親孝行した方がいいよ。（親孝行してくださいという意味。）
・ジェニーさんはしばらく会ってないうちに、太っていた。（状況変化）
・お金があるうちは、友だちがたくさんいた。（「お金がある間は、友だちがたくさんいる」という状態が続く）

＊ ・温かいうちに、冷めないうちに、今のうちに、若いうちに、忘れないうちに

★ 「うちに」の後半に意志動詞（行くなど）が来る場合は「～よう、～ておこう、～たい、～てください」などの文型がよく用いられる。

★★ 「うちに」の後半に無意志動詞（太るなど）が来る場合は「状況の変化」を表す。

★★★ 「うちは」の場合は、「～ている間は、後半の状態が続く」ことを表す。

問題

① 足が丈夫な（　　）、富士山に登りたい。

　a うちで　　　　　　b うちに　　　　　　c うちも

② 自分でも（　　）うちに、恋に落ちてしまった。

　a 気がつく　　　　　b 気がついた　　　　c 気がつかない

12 ～か～ないかのうちに ●●

意味 ～とほぼ同時に、直前に

接続 V・Vた＋かVないかのうちに

例文 ・歌が終わるか終わらないかのうちに、観客は大きな喝采を送った。

・子供はベッドに着くか着かないかのうちに、深い眠りに入ってしまった。

✳ ・入るか入らないうちに、鳴るか鳴らないかのうちに、冷えたか冷えないかのうちに

★ 同じ動詞を繰り返す。

★★ 実際に発生したことに対して使うため、後半に意志や依頼、否定、命令文は来ない。

★★★ 後半は必ず過去形が来る。

問題

① ドラマ「いかゲーム」は（　　　）されないかのうちに人気を呼んだ。

　a 配信されるか　　　　b 配信するか　　　　c 配信してか

② バスケットボール競技が再開するかしないか（　　　）ゴールを決めた。

　a うちに　　　　b のうちに　　　　c にうちに

〈進行中・途中・変化〉

13 　〜（よ）うとしている ⬤〇 （硬）

意味　もうすぐ〜する

接続　Vう・Vよう＋としている

例文　・埋め立て事業が完成しようとしている。

　　　　・クルーズ船が客船ターミナルに着こうとしている。

問題

① パンダが赤ちゃんを（　　）としています。

　　a 出産する　　　　　　　b 出産して　　　　　　　c 出産しよう

② 鎌倉長谷寺のアジサイが満開に（　　）。

　　a なろうとしている　　　b している　　　　　　　c なろう

比べよう ② 時間関係の文型「〜た途端」「〜か〜ないかのうちに」

文型番号・文型	前半	後半	話、書、硬、（一）
5 〜た途端	（動作発生の直後）	希望や勧誘の文は来ない 過去形	
12 〜か〜ないかのうちに	（動作発生の直前）	希望や勧誘の文は来ない 過去形	
例	○ 電話に出た途端、怒鳴りつけられた。 ✕ 電話に出るか出ないかのうちに、怒鳴りつけられた。		

〈経験後・実現後〉

14 ～上（で）／～上の／～上での ●●●

意味 まず～てから、～た後で（順序）

接続 Nの／Vた＋上（で）／上の／上での

例文
・ビザの有効期限を確認の上、ご来館ください。

・よく考えた上で決めるといいよ。

・みなさんで相談した上でのご返答をお待ちしております。

＊
・ご予約の上（＝予約してから）、確認の上、検討の上、承知の上で、ご記入の上

・話し合った上で、見た上で、お読みになった上で

★ 意志動詞（確認する、見るなど）にのみ接続する。

★★ 「上で」から「で」を省略すると、より硬く、フォーマルな感じになる。

★★★ 当然の順序のことには使わない。

例 ○ 朝起きてから、ジョギングをします。

× 朝起きた上、ジョギングをします。

★★★★ 文章の後に、「その上で～」と続く。

例 無料相談はまずお電話ください。その上でご来訪ください。（＝電話してから）

問題

① 今後のことは、主治医との相談（　　）、決定します。

　a の最中　　　　　　　b の限り　　　　　　　c の上

② 十分にご理解して頂き納得（　　）、麻酔・手術に臨んでください。

　a された上の　　　　　b した上に　　　　　c された上で

〈経験後・実現後〉

15　〜次第 ●●●（硬）（参照 84 次第で）

意味　〜たらすぐに（意志や依頼内容を伝える）

接続　Ｎ／Ｖ-ます＋次第

例文
・詳細が決まり次第、ご連絡ください。

・結果がわかり次第、ご案内いたします。

・不審者は発見次第、通報します。

✳　・確認次第、到着次第、終わり次第、見つかり次第、定員になり次第、でき次第

★　過去のことには使えない。

★★　Ｎする動詞は、「Ｎし次第」の「し」が省略されることがある。

★★★　「〜次第」の後に、依頼表現「〜てください」が来ることも多い。

例　翻訳が終わり次第、こちらへ知らせてください。

問題

① 会社に戻り次第、連絡（　　）。

　a します　　　　　　b しました　　　　　　c するでしょう

②（　　）次第、お伝えします。

　a わかる　　　　　　b わかった　　　　　　c わかり

16 ～て以来／～てこのかた ●●● (硬)

意味 ～てから今までずっと、～てからずっと（ある程度遠い過去から現在まで）

接続 N＋以来

Ｖて＋以来／このかた

例文 ・大学への進学以来、ずっと勉強とアルバイトに励んでいる。

・日本に来てこのかた、美しい故郷をいつも懐かしく思う。

＊ ・あれ以来、それ以来、入社以来、卒業以来、結婚して以来、聞いて以来、喧嘩して以来

・10年このかた（＝10年間ずっと）、生まれてこのかた、入学してこのかた

★ 近い過去のことには使えない。

例 × 一昨日開店して以来、多くの客で賑わっている。

★★ 未来のことには使えない。

例 × アルバイトを始めて以来、来週辞めるつもりだ。

★★★ 後半に、「ずっと、毎日、毎年」などの言葉が続くことが多い。

★★★★ 「～てこのかた」は「～て以来」より硬い表現で、日常の会話ではあまり使わない。

問題

① あの日（　　　）、彼とは全く連絡を取っていない。
　　a の以来　　　　　　　b 以来　　　　　　　c て以来

② 母国を（　　　）以来、一度も帰国したことがない。
　　a 出て　　　　　　　b 出る　　　　　　　c 出た

〈経験後・実現後〉

17 〜てはじめて ●●

意味 〜した後で〜やっと／初めて（何かがわかった、気づいた、何かが起きた）

接続 Ｖて＋はじめて

例文
・彼の話を聞いてはじめて、その人柄の大きさに気がついた。
・先生からの指摘を受けてはじめて、自分の未熟さがわかった。

✱
・読んではじめて、暮らしてはじめて、失ってはじめて、言われてはじめて、入院して
はじめて

★ 後半に意志や命令、依頼表現は来ない。

★★ 後半は過去形が来る。

問題

① 子供を（　　）はじめて、母の気持ちがわかった。

　　a 産んだ　　　　　　　　b 産む　　　　　　　　c 産んで

② 老いた母を世話して（　　）、介護の大変さが身に沁みた。

　　a ともかく　　　　　　　b はじめて　　　　　　c さておき

18 〜てからでないと／〜てからでなければ 🔊

意味 〜した後(あと)でないと（……ない）

接続 V てからで＋ないと／なければ

例文 ・図書(としょ)カードを作(つく)ってからでないと、図書館(としょかん)の本(ほん)は借(か)りられない。

・Line で登録(とうろく)してからでなければ、特別割引券(とくべつわりびきけん)は使(つか)えない。

✻ ・相談(そうだん)してからでないと、会(あ)ってからでないと、見(み)てからでないと、終(お)わってからでないと

・合格(ごうかく)してからでなければ、連絡(れんらく)を取(と)ってからでなければ

★ 後半(こうはん)は、動詞(どうし)の可能形(かのうけい)の否定形(ひていけい)が続(つづ)いて、「不可能(ふかのう)や困難(こんなん)」の状況(じょうきょう)を表(あらわ)す。

問題

① 3回目(かいめ)のワクチンを接種(せっしゅ)（　　）全国旅割(ぜんこくたびわり)は使(つか)えない。

　a してからでないと　　　b してから　　　　　　　c からでないと

②（　　）をしてからでないと、いきなりプールに入(はい)るのは危(あぶ)ない。

　a マッサージ　　　　　　b 歩行練習(ほこうれんしゅう)　　　c 準備運動(じゅんびうんどう)

〈起点〉

19　〜をはじめ（として）／〜をはじめとする ●●● （硬）

意味　まず〜、そしてほかにも（広がる）

接続　N ＋をはじめ（として）

　　　　N ＋をはじめとする＋ N

例文　・スポーツクラブは、水泳をはじめ、ヨガやダンスなど様々な活動ができる。

　　　　・霞が関は、外務省をはじめとする公館が並ぶ官庁街である。

＊　・英語をはじめ、中国語やスペイン語など。ベトナムをはじめ世界中で。

★　一例を出して「同じグループで他にもある、またはもっと範囲が広い」といったことを表す。

問題

① 日本をはじめ、様々な（　　　）で貢献できればと思います。

　　a 国　　　　　　　　　　b 分野　　　　　　　　　　c 東京

② ダンスはズンバ（　　　）、バイラバイラなどなんでも好きです。

　　a ではじめ　　　　　　　b をはじめ　　　　　　　c からはじめ

20 〜をきっかけとして／きっかけに、〜を契機として／〜を契機に ●●●

意味 〜が機会になり、〜した／〜始めた

接続 N／Vの／Vたこと＋をきっかけとして／をきっかけに（して）

N／Vの／Vたこと＋を契機として／を契機に（して）

例文 ・選挙をきっかけに、政治に関心を持ちはじめた。

・外国人生徒と出会ったのを契機として、日本語教師を目指すようになった。

★ 「〜がきっかけで」と同じ意味。

問題

① ショパンコンクール（　　）ピアノを習いはじめた。

　a のきっかけに　　　　　b をきっかけで　　　　　c をきっかけとして

② 中国ドラマをみたのを（　　）中国語に興味を持つようになった。

　a 契機として　　　　　　b 契機で　　　　　　　　c 契機から

〈起点〉

21 ～にわたって／～にわたり／～にわたる ●●●

意味 ～範囲全部で、～の間ずっと

接続 Nに＋わたって／わたり

Nに＋わたる＋N

例文 ・大雨による土砂崩れで、静岡県では広域にわたり、被害を被った。

・40年にわたる研究の成果で、今回賞をもらった。

＊ ・時間の範囲：3日間にわたり、生涯にわたり、何年にもわたる研究、6回にわたり

・場所の範囲：日本全国にわたって、様々な分野にわたり、世界にわたり

★ 時間や場所、空間を表す名詞に付く。

・プサン行きの客船「ダイヤモンドプリンセス」の航海中に韓国文化紹介、ダンス、映画など、いろいろな分野にわたってプログラムが用意されている。

問題

① （　　）にわたる安定した生活を保障します。

　a 明日　　　　　　　b 将来　　　　　　　c これから

② エリザベス女王は70年（　　）英国君主の座を務めた。

　a うちに　　　　　　b 以来　　　　　　　c にわたり

第3章　限定・付加などの文型を覚えよう！

〈限定・範囲・反復〉

22　〜限り ●●●

意味　〜の範囲ですべて（全力で〜する）、〜の状態が続いている間は

接続　N＋の＋限り

　　　　V・V ている＋限り

例文　・決勝戦だから、力の限り頑張ってもらいたい。

　　　　・海外では危険な場所に行かない限り、安全だと思う。

✲　・できる限り、知る限り、知っている限り、生きている限り、日本にいる限り

★　力の限り＝力を限りに、声の限りに＝声を限りに

問題

① ご連絡はできる（　　）メールでお願いいたします。

　a 限　　　　　　　　b 限り　　　　　　　　c 限って

② 家族を守るためなら、命（　　）戦います。

　a の限り　　　　　　b に限り　　　　　　　c に限って

〈限定・範囲・反復〉

23 〜限り（では） ●●●

意味 〜だけで判断して、〜の範囲内で判断すると

接続 Nの＋限り（では）

V・Vた・Vている＋限り（では）

例文 ・現時点での調査の限りでは、この事件は個人的な恨みによるものではないようだ。

・私の知っている限り、N1の資格なしにその会社への就職は厳しいだろう。

＊ ・私の知る限り、見た限りでは、確認した限り

問題

① ニュースを見た（　　）、サッカーファン同士の衝突で死亡者が出ているようだ。

　a 限りに　　　　　　　b 限りから　　　　　　c 限りでは

② 大学調査委員会の（　　）限り、その論文は盗作である可能性が高い。

　a 調査の　　　　　　　b 調べる　　　　　　　c 調査からの

24 ～に限り／～に限って、～に限る ●●● (硬)

意味 ～だけ特別に、偶然に／よりによって～

接続 Nに＋限り／限って
Nに＋限る

例文 ・雨なのに、今日に限って傘を持って来なかった。(＝よりによって今日)

・土曜日は子供に限り、みなと博物館が100円で入館できる。(＝子供だけは)

・ビールは生ビールに限る。(＝生ビールが一番だ)

・うちの子に限って、そんな悪いことをするはずがないです。(絶対しない)

❄ 「本日限り」＝本日に限り、「一回限り」＝一回に限り

★ 数量や範囲を表すNにつく。

★★ 後半に否定形「ない」が来ると、「絶対に～ない」という意味になる。

★★★ 「N1はN2に限る」の文型は、「N2が最も良い」という意味。

例 ビールは生ビールに限る。

問題

① 店内に入場可能なのは、補助犬（　　　）。

a だけに限ります　　　　b に限ります　　　　c は限ります

② 久々のピクニックなのに、こんな時に（　　　）急用が入る。

a 限りでは　　　　　　　b 限らない　　　　　c 限って

〈限定・範囲・反復〉

25　〜とは限らない／〜とも限らない ●●

意味 〜とは決まってない、全部がそうではない

接続 N／A／㋑A／V ＋とは限らない／とも限らない

例文 ・在日コリアンだからといって、韓国語ができるとは限らない。

　　　・顔を整形したからって、美しいとは限らない。

★ 「必ず／必ずしも〜とは限らない」は、「必ず／必ずしも〜わけではない」と同じ意味。

問題

① 頻出文型ではあるが、必ず試験に（　　　）限らない。

　　a 出るとは　　　　　　b 出るに　　　　　　c 出るにも

② 毎日運動をするからって、体重が（　　　）とも限らない。

　　a 増える　　　　　　　b 増やす　　　　　　c 増えない

26 ～だけ

意味 ～範囲の限界までする／とりあえず試す

接続 Ｖ／ナＡな＋だけ

例文 ・そんなに不満があるなら、言うだけ言って辞めればいいじゃない。

・バイキングだから、好きなだけ食べていいですよ。

＊ ・できるだけ、見るだけ見る。食べるだけ食べる、聞くだけ聞いてみる、やれるだけ やっておく

★ 同じ言葉を繰り返すことが多い。

問題

① 役に立つか分かりませんが、（　　）のことはするつもりでいます。

　　a できること　　　　　　b できるだけ　　　　　　c できるもの

② やるだけ（　　）から悔いはない。すっきりした気持ちだ。

　　a やった　　　　　　　　b やる　　　　　　　　　c やって

〈限定・範囲・反復〉

27 〜ては／〜では ●

意味 〜たら必ず／繰り返して

接続 Vて＋は

例文
・認知症の祖父は、同じことを言っては忘れるというサイクルを繰り返している。
・冬休みの間食べては寝ての生活で、体重は増えるばかりだ。

＊
・雨が降ってはやんで、覚えては忘れ、結婚しては離婚し、歩いては休み、転んでは起き（上がり）

★ 「食べては寝て食べては寝ての生活」のように動詞を繰り返して使うこともある。

問題

① 海辺で（　　）消える波をぼうっと見ていると、なぜか落ち着く。

a 寄せてから　　　　b 寄せても　　　　c 寄せては

② 　読んでは（　　）ので、いつも新しい気持ちで読書ができる。

a メモする　　　　b 忘れる　　　　c 覚える

〈付加・付帯行動〉

28 ～上に ●●●

意味 ～できるし、さらにだけでなく、さらに

接続 Nの・Nである＋上（に）

V・Vた／A＋上（に）

ナAな・ナAである＋上（に）

例文 ・太郎君は勉強ができる上に優しい。

・昨日は雨が降った上に、風も強かった。

＊ ・おいしい上に安い、暑い上に湿気も多い、美人である上に優しい

★ 後半に命令、依頼など、相手への働きかけの内容は来ない。

問題

① 今日は（　　　）、少しだるいので、早退させていただきます。

　a 熱っぽい上　　　　　b 熱っぽいだから上　　　c 熱っぽいから

② この場所は夜景がきれいな上、24時間開放だから、（　　　）に人気がある。

　a 学生　　　　　　　　b カップル　　　　　c 子供

〈限定・範囲・反復〉

29 　〜ばかりか／ばかりでなく ●●●

意味 〜だけでなく、その上

接続 Ｎ／Ａ／ナＡ・ナＡな／Ｖ＋ばかりか・ばかりでなく〜も

例文 ・その選手は足が速いばかりか、確かなテクニックも併せ持っている。
　　　・最近はPM2.5ばかりでなく、海水の汚染も問題になっている。

＊ ・漢字ばかりかひらがなさえ、スポーツが上手なばかりか成績も

★ 後半には「〜も、さえ、まで、〜くて」などがよく使われる。

★★ 後半に意志、命令や依頼、勧誘の文はほとんど来ない。

問題

① あの人は（　　）ばかりか、成績もよい。
　　a 数学　　　　　　　　b 国語　　　　　　　　c リーダーシップがある

② 教授の話し方は面白くない（　　）、難しすぎてわかりづらい。

　　a ばかりか　　　　　　b ばかり　　　　　　　c ばかりで

30 〜に限(かぎ)らず ●●● (硬)

意味 〜だけでなく〜さらに広(ひろ)い範囲(はんい)まで

接続 Nに＋限(かぎ)らず

例文 ・女性(じょせい)に限(かぎ)らず男性(だんせい)も参加資格(さんかしかく)はあるはずです。

　　　・先週(せんしゅう)に限(かぎ)らず今週(こんしゅう)も特別割引販売(とくべつわりびきはんばい)は続(つづ)くようだ。

＊ ・子供(こども)に限(かぎ)らず大人(おとな)も、週末(しゅうまつ)に限(かぎ)らず平日(へいじつ)も、今日(きょう)に限(かぎ)らずいつでも、休日(きゅうじつ)に限(かぎ)らず
　　毎日(まいにち)

★ 後半(こうはん)には対比(たいひ)する言葉(ことば)に「も」をつける文(ぶん)く(く)が来(く)ることが多(おお)い。

★★ 限定(げんてい)する言葉(ことば)「週末(しゅうまつ)、今日(きょう)、休日(きゅうじつ)」などの後(あと)に、もっと広(ひろ)い範囲(はんい)を表(あらわ)す「平日(へいじつ)、毎日(まいにち)、いつも、みんな、さまざまな」などを使(つか)った文(ぶん)く(く)が来(く)ることが多(おお)い。

問題

① リエさんは今日(きょう)に限(かぎ)らず、（　　　）笑顔(えがお)が素敵(すてき)な人(ひと)です。

　　a 明日(あした)　　　　　　　b いつも　　　　　　　c 平日(へいじつ)

② 夏(なつ)（　　　）、一年中(いちねんじゅう)水泳(すいえい)を楽(たの)しめるので嬉(うれ)しい。

　　a に限(かぎ)らず　　　　　b に限(かぎ)っては　　　　c に限(かぎ)って

〈限定・範囲・反復〉

31 〜はもとより ●●● (硬)

意味 〜はもちろん、ほかにも

接続 N＋はもとより

例文 ・ロシアの攻撃はウクライナの国民はもとより、全世界にも影響を及ぼしている。

・たばこは、吸う本人はもとより、周りの人にも害を及ぼす。

★ 後半には、「ほかにも」という意味を表す「〜も／〜でも／〜にも」を使った文が来ることが多い。

問題

① エネルギーの不足でLNG（　　）、ガソリンや電気代まで値上がりしている。

　a もとより　　　　　　b もちろん　　　　　　c はもとより

② 戦争への不安は、当事国はもとより、（　　）広がっている。

　a 世界的に　　　　　　b 東京まで　　　　　　c フランスもが

32 | **〜に伴って／伴い、〜と共に** ●●● （硬）

意味 〜と一緒に（変化する／起こる、結果になる）

接続 N／Vの・Vた の＋に伴って／に伴い

N／V＋と共に

例文
・人口減少に伴って、経済成長の低迷といった課題が挙げられる。
・国際会議が行われるのに伴い、他県の警察から警備の支援が予定されている。
・あなたと共にこれからの人生を送りたい。

＊
・円高に伴って、物価上昇に伴って、少子化に伴って
・家族と共に、台風が近づくと共に

★ 物事の進展や始まり、変化を表す「高齢化、少子化、増加、減少」などの言葉によく付く。

問題

① 児童数の（　　　）に伴い、廃校になる学校が増えている。
　a 増加　　　　　　　　b 減少　　　　　　　　c 減員

② インターネットが（　　　）、ネット上の性犯罪も増える一方だ。
　a 普及するとは　　　　b 普及すると　　　　　c 普及するとともに

〈限定・範囲・反復〉

33　〜につれ（て）／〜に従って ●●●

意味　〜と、だんだんに（自然な変化）。〜ていくのに合わせて

接続　N／V ＋につれ（て）／〜に従って

例文
- 年を取るにつれて、あちこち痛いところも出てくる。
- 大潮が近づくにつれて、潮干狩りに来る人も多くなってきた。

＊
- 冬になるにつれて、時が経つにつれ、レベルが上がるにつれて、人気が出るにつれて
- マニュアルに従って、

★　「〜につれ（て）」は自然な現象を表す言葉によく付く。

★★　「〜に従って」は命令や指示、決まり、ルールなどの言葉によく付く。

問題

① 娘は成長する（　　）、ママそっくりになっていった。

　　a につれて　　　　　　b に加えて　　　　　　c に対して

② 災害発生の時は以下のルールに（　　）避難してください。

　　a ついて　　　　　　b 従って　　　　　　c 伴って

34 〜のみならず／〜のみか ●● (硬)

意味 〜だけではなくさらに

接続 N・Nである／A／V・Vた＋のみならず／のみか

ナA・ナAである＋のみならず／のみか

例文 ・ガス代のみならず、水道代も値上がりすると、発表がありました。

・上司は暴言のみならず、暴力までも振るった。

★ 後半には「〜も、〜でも、〜までも」を使った文が来ることが多い。

問題

① 肥満は外見（　　）、健康にも影響を及ぼします。

　　a のみ　　　　　　　　b ならず　　　　　　　　c のみならず

② ビビンバは見た目が美しいのみならず、（　　）良い。

　　a 味が　　　　　　　　b 味も　　　　　　　　c 味でも

〈限定・範囲・反復〉

35　〜に加えて ●━

意味　〜だけでなくさらに

接続　Ｎ＋に加えて

　　　　Ａ／Ｖ＋の／こと＋に加えて

例文　・電気代の値上がりに加えて、ガス代も引き上げられた。

　　　　・今学期の目標は、N2 合格に加えて、学校の成績も挙げることです。

*　・自分で考えて行動することに加えて

★　後半には「〜も」を使った文が来ることが多い。

問題

① 日本の夏は暑い（　　）、湿気も多いので、なかなか苦しい。

　　a のに加えて　　　　　　　b に加えて　　　　　　　c も加えて

② それは自分の活動の正当化に加えて、私腹を肥やす（　　）あります。

　　a ことにも　　　　　　　b ことも　　　　　　　c ことでも

36　〜ついで（に）●━

意味　〜する機会を利用して

接続　Ｎ（の）／Ｖ・Ｖた＋ついで（に）

例文　・名古屋へ出張のついでに、ひつまぶし（うなぎ）を食べてきた。

　　　　・用事で東京へ行くついでに、上野公園で花見をしてきた。

*　・買い物のついでに、図書館に行ったついでに

問題

① コンビニへお弁当を買いに行く（　　）、ホットドッグも買ってきた。

　　a ついでで　　　　　　　b ついでに　　　　　　　c ついでにも

② （　　）ついでにスーパーで買い物をして帰った。

　　a 外出の　　　　　　　b 外出に　　　　　　　c 外出での

比べよう ③

付帯行動の文型「～に伴って／～と共に」「～につれ（て）／～に従って」

文型番号・文型	前半 A ／後半 B		話、書、硬、(一)
	違い	共通点	
32	～に伴って 伴う：ついていく	A にくっ付いて B 変化 A は物事の進展や始まり、変化の言葉		（硬）
32	～と共に 共に：一緒に、同時に	A と同時に／付加して B 変化	A が変化 すると、 B も一緒に だんだんと 変化する	（硬）
33	～につれ（て） 連れる：同行する	A と一緒に B 自然な変化 A は物事の進展や程度の変化		
33	～に従って 従う：ついていく、 順応する⇔逆らう	A（根拠・基準）に基づいて B 変化 A（命令・要求・呼びかけなど）の 通りに B 変化		

例

○ 高齢化が進むのに伴って、高齢者による運転事故が増えている。

○ インターネットが普及すると共に、出会い系サイトによる性犯罪も多くなった。

○ 年を取るにつれて、足腰がだんだん弱くなる。

○ 秋が深まるにつれ、山々は紅葉に染まる。

○ シラバスに従って、授業を進めます。

× シラバスと共に、授業を進めます。

○ 地震発生の場合は、係員の指示に従って、安全な場所へ避難してください。

〈話題・対象・立場〉

37　〜をめぐって／〜をめぐる ●●● (硬)

意味　〜（話題）について（意見や問題がある）

接続　N＋をめぐって

　　　　N＋をめぐる＋N

例文　・父が残した遺産をめぐって、兄弟が争っている。

　　　　・世界のあちらこちらで、国境をめぐる紛争が後を絶たない。

＊　・首相の発言をめぐって、少年犯罪をめぐり、大統領の弾劾をめぐって

問題

① 有名監督のセクハラを（　　　）うわさが、あっという間に広がった。

　　a めぐり　　　　　　　b めぐる　　　　　　　c めぐって

② 宗教と政界の繋がりの問題を（　　　）、今日ヒアリングが開催される。

　　a 対し　　　　　　　　b ついて　　　　　　　c めぐり

38 ～向けだ／～向けに／～向けの ●●●

意味 ～のための、～を対象とした

接続 N＋向けだ／向けに／向けのN

例文 ・都会では一人暮らし向けのワンルームマンションが流行っているらしい。

・子供向けに作られたゲームだが、いつの間にか父も夢中になっていた。

＊ ・幼児向け、中級者向け、女性向け、家族向け、アジア向けの商品、プロ向け、サポーター向け

★ 「Nのために計画的に作られた」という意味。

問題

① 段差を極力なくして設計されているこのマンションは、高齢者（　　）です。

　a 向きての　　　　　　　b 向いて　　　　　　　c 向け

② 初級者向けばかりで、上級者（　　）テキストが足りない。

　a 向けの　　　　　　　b 向けに　　　　　　　c 向きに

〈話題・対象・立場〉

39　〜向きだ／〜向きに／〜向きも ●●

意味　〜（性質が）に合っている、〜に適切な

接続　N＋向きだ／向きに／向きも

　　　　N＋向きの＋N

例文　・この料理セットは量も少なく、とても可愛いので、子供向きだ。

　　　　・週末は初心者向きの低い山に登りました。

＊　・大人向き、学生向き、若い人向き、新入社員向き、女性向き

★　「向け」は「意図的に／わざとNのために作られた」、

　　「向き」は「性質上／内容からして／自然にNにふさわしい」という意味。

例　日本での就職希望者向けの日本語講座です。

　　　「やさしい日本語ニュース」は外国人や子ども向きです。

問題

① （　　　）学習動画は家でも勉強できるので、とても役立ちます。

　　a 大人向き　　　　　　b 大人向きの　　　　　c 大人向きで

② これは、3か月で終了できるN2対策（　　　）特別講座です。

　　a 向きの　　　　　　b 向きに　　　　　　c 向きで

40 ～における／～において（は／も）⬤⬤⬤（硬）

意味 ～（分野、時期）について、～（場所、状況、時間）で、～での

接続 N +における+ N

N +において（は／も）

例文 ・ビジネスにおいて一番大事なことは何だと思いますか。

・少子高齢化による働き手の減少においては、危機感を感じる。

✻ 何においても、何事においても

✱ ・料理においては、国会における、現代において、人生において、駅構内において

★ 書き言葉で記事や論文などでよく使われる。

問題

① この業界（　　）屈指の先生です。

　a でおいては　　　　　　b のおいては　　　　　　c においては

②（　　）おいて、シンポジウムが行われ、通訳として参加した。

　a 大学に　　　　　　　　b 大学で　　　　　　　　c 大学の

〈話題・対象・立場〉

41 〜とは ●● (硬)

意味 〜というのは（定義、説明）

接続 N＋とは

例文
・友情とは、かけがえのないものだ。
・「建前」とは、表向きの考えという意味である。

✱ ・わびさびとは、いざ鎌倉とは、元彼とは、正義とは、義理チョコとは、VODサービスとは、シェールガス革命とは

★ 言葉を定義するときに使われる。

★★ 後半には、その意味を説明する文「〜（こと）である、〜という意味である、〜みたいなものだ」などが来る。

問題

① 「自己愛」とは自分を大切にできる（　　）をいいます。
　　a 能力のもの　　　　　b 能力のこと　　　　　c 能力のところ
② 本音（　　）、本心から出た言葉という意味です。
　　a というと　　　　　b といえば　　　　　c とは

42 〜というと／〜といえば／〜といったら 🔊

意味 〜から連想（れんそう）されるものを言（い）う、確（たし）かめる

接続 N＋というと／といえば／といったら

例文
・フランスといえば、エッフェル塔（とう）でしょう。
・日本（にほん）を象徴（しょうちょう）する山（やま）というと、富士山（ふじさん）を思（おも）い浮（う）かべる。

✳ ・春（はる）といえば桜（さくら）、大阪（おおさか）といえばタコ焼（や）き、和食（わしょく）といえば会席料理（かいせきりょうり）

★ 「〜といったら」は話（はな）し言葉（ことば）。

問題

① 夏（なつ）の果物（くだもの）（　　）、何（なに）が思（おも）いつく？

　a といったら　　　　　b とは　　　　　　　c といった

② クリスマスといえば（　　）くるこの曲（きょく）！
　a 歌（うた）って　　　　　b 作（つく）って　　　　　c 浮（う）かんで

〈話題・対象・立場〉

43　〜といえば　●●

意味　〜と関連した別の話題につなげる（話の切り替え）

　　　　〜ということもそうだが（後半に本当に言いたいことを言う）

接続　N＋といえば（別の話題）

　　　　N／A／ナA＋といえば＋〜が／けれど（本当に言いたいこと）

例文　・バナナはフィリピン産が多いよね。フィリピンといえば、あの子、元気かな。

　　　　・ハロウィーンの時、渋谷の交差点はすごく混むよね。渋谷といえばDJポリスが名物だよね。

★　文章の後に、「そういえば」ともいう。

　　例　フランスに行ってきました。そういえば、ベルサイユ宮殿のツアーはストライキでキャンセルになりました。

★★　同じ言葉の繰り返しで「〜といえば〜が／けれど」の形で続く。

　　例　駅に近いホテル、便利といえば便利ですが、ちょっと高いですね。

問題

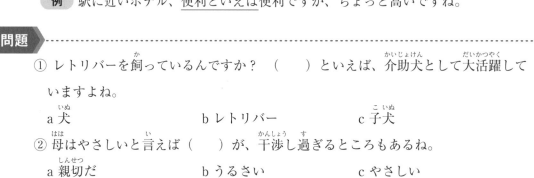

① レトリバーを飼っているんですか？　（　　　）といえば、介助犬として大活躍していますよね。

　　a 犬　　　　　　　　　　b レトリバー　　　　　　　c 子犬

② 母はやさしいと言えば（　　　）が、干渉し過ぎるところもあるね。

　　a 親切だ　　　　　　　　b うるさい　　　　　　　　c やさしい

44 〜（のこと）となると ◖◗

意味 〜に対しては特に（態度が変わる）

接続 N ＋（のこと）となると

例文 ・田中さんはクラシック音楽のこととなると、話が尽きない。
・夫は昔の病気のこととなると、急に口を閉ざしてしまう。

✳ ・歌舞伎のこととなると、宝塚の公演となると、ミュージカルとなると、祭りのこと
となると

問題

① 酒飲みの父は、（　　）なると、目が輝く。

　　a 酒のことに　　　　　　b 酒のことと　　　　　　c 酒のことにも

② チファさんは急死したウサギの（　　）となると、すぐ涙を浮かべる。

　　a こと　　　　　　　　　b もの　　　　　　　　　c はず

〈話題・対象・立場〉

45　〜を中心に（して）、中心にした／〜を中心として、中心とした ●―○

意味　〜を主として、〜を基点として、〜を集中的に

接続　N ＋ を中心に（して）／を中心として

　　　　N ＋ 中心にした／中心とした ＋ N

例文　・今度のワークショップは、コミュニケーション能力の向上を中心に行われる。

　　　　・野外活動の詳細は班長を中心として話し合って決めてください。

＊　・日本の政治・経済は東京を中心に発展してきた、会話を中心にレッスンを進める、

　　　　このアニメは子供を中心として人気

★　ある「場所や事柄、集団、人、行為、テーマなど」の中心であることを表す。

問題

① 午後は内陸や山沿いを（　　）、にわか雨の所がありそうです。

　　a 主に　　　　　　　　　b 中に　　　　　　　　　c 中心に

② 横浜みなとみらいはランドマークタワー（　　）ビル群が海の方へ広がっている。

　　a の中心に　　　　　　　b を中心に　　　　　　　c で中心に

46　〜として、〜を〜として／とする 🔊

意味　(名目、資格、種類、立場、役割) で、〜を〜ということで

接続　N +として

N1 を N2 +として

N1 を N2 +とする+ N

例文
・プロの選手として、テニスを続けたい。
・もう少し良き息子としての役目を果たしたかった。

＊
・教師として、通訳として、夫として、学生代表として、お土産として、サービスとして

★　「〜を目標として挙げる」「〜を目的としている」の形でもよく使われる。

例　日韓大学生交流会は相互の理解と交流を目的としている。
この活動は両国高校生の友好親善を目標として挙げている。

問題

① SDGs は 17 分野における世界的開発を（　　　）挙げている。

　a 目標として　　　　　　b 目標としても　　　　　　c 目標としてを

② 生態系を乱す魚種バスは、肥料や動物の飼料（　　　）生れ変る。

　a とて　　　　　　　　b として　　　　　　　　c ともに

わ だい たいしょう たち ば
〈話題・対象・立場〉

47　〜にとって（は）🔘

意味　〜の（立場、視点、考え）では、〜には
　　　　　たち ば　し てん　かんが

接続　N ＋にとって（は）

例文　・孫からのメッセージは、<u>おばあさんにとっては嬉しいことである。</u>
　　　　　まご　　　　　　　　　　　　　　　　　　　　　　　　うれ
　　　　・夜遅くまで働く彼女にとって、コンビニは不可欠なものです。
　　　　　よるおそ　　はたら　かのじょ　　　　　　　　　ふ か けつ

★　後半に「いい、嬉しい、難しい、大変だ、必要だ」など、評価に関する言葉が続くことが多い。
　　　こうはん　　うれ　　むずか　　たいへん　ひつよう　　　　ひょうか　かん　ことば　つづ　　おお

★★　好き嫌いの言葉は続かない。
　　　　す　きら　　ことば　つづ

　　例　×　私にとって、すき焼きは甘すぎて嫌いです。
　　　　　　　わたし　　　　　　や　　あま　　　きら
　　　　　○　私は、すき焼きが甘すぎて嫌いです。
　　　　　　　わたし　　　　や　　あま　　　きら

問題

　①（　　　）私はいったいどんな存在だったの？
　　　　　　　　わたし　　　　　　　　そんざい
　　　a あなたにて　　　　　　b あなたにも　　　　　　c あなたにとって

　② 彼女にとって、英語（　　　）は気の置けない友達でもある。
　　　かのじょ　　　　　えいご　　　　　　き　お　　　ともだち
　　　a サークルの仲間　　　　b サークル　　　　　　c 仲間
　　　　　　　なか ま　　　　　　　　　　　　　　　　　　なか ま

48 〜にかけては／〜にかけても ●●

意味 〜という点では（一番上手だ）

接続 Nに＋かけては／かけても

Nの A さ／㋑ A さに＋かけては／かけても

例文 ・足の速さにかけては、彼に勝てる人はいない。

・美味しいキムチを作ることにかけては、うちの母の右に出るものはいない。

問題

① 歌のうまさ（　　）、美空ひばりが一番だ。

    a に関して　　　　　　　b にかけては　　　　　　　c に対して

② テノール歌手としての（　　）にかけては、彼をおいてほかにはない。

    a 作曲　　　　　　　　　b 作詞　　　　　　　　　c 声量

〈話題・対象・立場〉

49 〜に対し（て）／〜に対する ●●

意味 ① 〜を相手にして、〜について

接続 N＋に対し（て）

N＋に対する＋N

例文 ・先生に対して、そんな失礼な言い方をしてはいけないと思う。

・マンションの管理に対する不満が住民から相当出ているらしい。

＊ ・これに対して／対する、それに対して／対する

意味 ② 〜とは違って、〜のと反対に

接続 N・Nな・Nである＋のに対し（て）

⊕ Aな・である＋のに対し（て）

「文」＋のに対し（て）

例文 ・出しゃばりな洋子に対し、早苗は寡黙で控えめである。

・都市では若者の人口が増えているのに対し、田舎では減っている。

問題

① 政治家は国民（　　）嘘をついてはいけません。

　a に対して　　　　　　b に応えて　　　　　　c に関して

② 父は釣りが（　　）に対して、母は旅行が好きです。

　a 好きである　　　　　b 好きであるの　　　　c 好きだの

50 〜にこたえて／〜にこたえる 🔊

意味 〜（意見や要望など）を聞いて、〜の通りに

接続 N ＋にこたえて

N ＋にこたえる＋ N

例文
・皆さまのご要望に応えて、特割イベントを開催します。
・両親の期待にこたえて、私は弁護士になった。

＊ ・希望にこたえて、要求にこたえて、要望に応えて

★ 「〜に応えて」「〜に応える」とも書く。

問題

① そのピアニストはファンのリクエスト（　　）アンコール演奏を 2 度も行った。
　a に反する　　　　　　　　b に関する　　　　　　　　c に応える

② 皆様の（　　）に応えて、世界遺産ツアーを販売することになりました。
　a ご希望　　　　　　　　b 結果　　　　　　　　c 情報

〈話題・対象・立場〉

51　〜に関して／〜に関する ⬤◯（硬）

意味 〜の内容について（調べる、研究する、説明する）

接続 N＋に関して

　　　 N＋に関する＋N

例文 ・部落差別に関する研究が大学内で進められている。

　　　 ・オレオレ詐欺に関する講演会があるので、ぜひご参加ください。

★ 「〜に関する」の後に「問い合わせ、Q&A、お知らせ、留意事項、相談」などの言葉がよく使われる。

問題

① （　　　）に関する相談が相次いでいる。

　 a 電車　　　　　　　　b 図書館　　　　　　　c 霊感商法

② 　犯行の動機に（　　　）、まだ明らかになっていない。

　 a 関しては　　　　　　b 関する　　　　　　　c 関係ない

比べよう ④ 立場の文型「～として」「～にとって」「～にしてみたら」

文型番号・文型	前半A／後半B		話、書、硬、(─)
	違い	共通点	
46 ～として	動詞（V）が続く。		
47 ～にとって	形容詞（A、ﾅA）が続く。 評価する言葉「いい、嬉しい、難しい、大変だ、必要だ」などが続く。 ★立場と関係ない言葉（植物・今の日本）にも使える。	Nにつく。 人や立場を表す名詞。	
48 ～にしてみたら	気持ちや考えを推量する文で、 「～だろう、～でしょう、～はずだ」などが続くも多い。		

例

チームの主将として、責任感をもって頑張ります。（頑張る：V）
長い間家族に会えないなんて、その子にとっては良くないことでしょう。（良い：A）
親にしてみたら、どの子も可愛いはずです。

○　植物にとっては日当たりが大切である。
×　植物にしてみたら日当たりが大切である。
×　植物として日当たりが大切である。

〈基準・手段・方法〉

52　～に基づいて／～に基づき、～に基づく／～に基づいた ●●●

意味　～を基準に、～の通りに、～を参考に

接続　Nに＋基づいて／基づき

　　　　Nに＋基づく／基づいた＋N

例文　・不法投棄者には法律に基づき罰金が科せられます。

　　　　・長年の経験に基づくお話が聞けて、大変参考になりました。

＊　・資料に基づき、意見に基づいて、考えに基づいて

問題

① 国の制度（　　）生活困窮者への支援を実施します。

　　a に対する　　　　　　b に関する　　　　　　c に基づく

② アンケート（　　）に基づいて、ホテルのサービス業務を改めたいと思います。

　　a 結果　　　　　　　　b 結論　　　　　　　　c 研究

53 〜に沿って／〜に沿えず、〜に沿う／〜に沿った ●●●

意味 〜に合わせて、〜に従って

接続 Nに＋沿って／沿えず

Nに＋沿う／沿った＋N

例文 ・ガイドラインに沿って、ご説明いたします。

・皆様のご希望に沿うプランを提供したいと思います。

＊ ・川に沿って、黄色の線に沿って、希望に沿って、方針に沿って、テーマに沿った発表

問題

① ご期待に（　　）、申し訳ございません。

a 言えず　　　　　　　b 行けず　　　　　　　c 沿えず

②（　　）に沿ったご案内、わかりやすかったです。

a 話　　　　　　　　　b 資料　　　　　　　　c 放送

〈基準・手段・方法〉

54 〜を通じて／〜を通して ●●●

意味 〜を手段・仲介として、〜の期間ずっと

接続 N ＋を通じて／を通して

例文
・友人を通じて彼と出会い、付き合うようになりました。
・この 30 年間を通して、陰で支えてくださった皆様には感謝の気持ちでいっぱいです。

＊ ・秘書を通して、スポーツを通して

★ 「手段を表す名詞／人＋を通じて」：報道を通じて、SNS を通じて、ブログを通じて

★★ 「期間を表す名詞＋を通して」（＝その期間ずっと）：四季を通じて、生涯を通じて、20 年を通して、一年を通して＝一年中

問題

① パーティーの最中、親友からのライン（　　）、この事件を知った。
　　a を通して　　　　　b をめぐって　　　　　c を中心に

② この（　　）を通して、陰で支えてくださった皆様には感謝の気持ちでいっぱいです。
　　a 年中　　　　　b 年　　　　　c 30 年間

55 ～に応じて／～に応じた ●●●

意味 ～にあわせて（する、変わる）

接続 N ＋に応じて

N ＋に応じた＋ N

例文 ・厚生年金でもらえる金額は勤務年数や年収に応じて、変わるでしょう。

・子供には年齢に応じた本選びが大事です。

＊ ・予算に応じて、時間に応じて、病状に応じて、人数に応じて、状況に応じて

問題

① うちの会社は実績に（　　）特別ボーナスがあります。

a 通した 　　　　　　b 応じた 　　　　　　c 向いた

② （　　）に応じて、こちらの資料は自由に持っていってください。

a 必要 　　　　　　　b 自分 　　　　　　　c 感想

〈基準・手段・方法〉

56 ～に反し（て）／～に反する ●●

意味 ～とは反対に

接続 N ＋に反し（て）

N ＋に反する＋N

例文 ・希望に反して、国内勤務となってしまった。

・医者になってほしいという親の期待に反して、子供は演劇の道に進んだ。

＊ ・意志に反して、予想に反して、期待に反して

問題

① この制度は法の趣旨（　　）規定だと言えよう。

　　a に対する　　　　　　b に関する　　　　　　c に反する

② 血のにじむような努力をしたが、（　　）に反する結果となった。

　　a 感想　　　　　　　　b 予想　　　　　　　　c 想像

57 ～反面／～半面 🔊🔊

意味 ～が（反対に）

接続 A／V＋反面／半面

Nである／ナAな・ナAである＋反面／半面

例文 ・姉は明るい反面、妹は内気である。

・お祖母さんは昔のことはよく覚えている半面、最近のことはすぐ忘れる。

問題

① その監督の作品は素晴らしい（　　　）、人柄は悪いとうわさされている。

　　a 反面　　　　　　　　b 反対　　　　　　　　c 判断

② 樋口さんは、体は弱そうに見える半面、（　　　）人だ。

　　a 美しい　　　　　　　b 芯の強い　　　　　　c おとなしい

〈基準・手段・方法〉

58 ～ほかない／～よりほか（は）ない ●● （硬）

意味 ～しか方法がない

接続 V ＋ほかない／よりほか（は）ない

例文 ・やれるだけのことはやった。あとは祈るほかない。

　　　・もう後戻りはできない。前進するよりほかはない。

問題

① 自然のままの環境でイルカを飼育しているこの水族館、（　　）よりほかない。

　 a 行きたい　　　　　　b 行った　　　　　　　c 行く

② お金を全部使ってしまった。アルバイトをするより（　　）ない。

　 a しか　　　　　　　　b ほか　　　　　　　　c いか

59 ～の下（で）／～の下に（して）●●

意味 ～の影響を受けて、～の状況で

接続 N＋の下（で）／の下に（して）

例文 ・良き理解者の下で、彼は学び成長しつつある。
・瀬戸内寂聴さんは青空の下で、長年にわたり説法を続けた。

＊ ・影響の下で、愛情の下で、先生の下で

問題

① 川西さんの指導（　　）、合唱の練習に励んでいます。
　　a の下　　　　　　　b から下　　　　　　c で下

② イタリアの輝く（　　）の下で、この夏を楽しんでいる。
　　a 松の木　　　　　　b 海　　　　　　　　c 太陽

〈基準・手段・方法〉

60　〜ようがない／〜ようもない ●●

意味　〜手段・方法がわからない、〜可能性が全くない

接続　V-ます＋ようがない／ようもない

例文　・一本道だから、迷いようがないと思うけどね。
　　　　・地震の影響で通信がすべて止まったので、息子に連絡しようがない。

＊　・言いようがない、食べようがない、直しようがない、行きようもない、会えようがない

問題

① 色んなことが重なり誤解が生じて、（　　）のつけようがない。

　　a 腕　　　　　　　　　b 足　　　　　　　　　c 手

② あまりにも素晴らしい演奏に文句の（　　）がない。

　　a つけ方　　　　　　　b つけよう　　　　　　c つけること

〈列挙・例示・選択〉

61　〜やら〜やら ●●●

意味　〜や〜や（代表の例を１つか２つ）、（色々あって大変だという気持ちを表す）

接続　N／A／ナA／V ＋〜やら〜やら

例文　・孫たちが帰って、<u>寂しいやらほっとするやら</u>複雑な心境です。

　　　　・花粉症で<u>鼻水が出るやら目が痒いやら</u>、しんどいです。

＊　・勉強やらバイトやら、恥ずかしいやら情けないやら、驚くやらあきれるやら

問題

① 無理したせいか、熱が出るやら（　　）やら風邪のようです。
　a 食欲が落ちる　　　　　b 食欲が増える　　　　　c 食欲が旺盛

② 救急車で運ばれて、家族やら（　　）大勢の人が駆けつけた。
　a 友だちも　　　　　　　b 友だちやら　　　　　　c 友だちまでも

〈列挙・例示・選択〉

62　〜にしても〜にしても／〜にしろ〜にしろ／〜にせよ〜にせよ ●●●

意味　〜の場合でも（影響されず、同じく）、どちらの場合でも

接続　N／V・Vない＋にしても／にしろ／〜にせよ

例文
・育児にしても仕事にしても、手抜きせず頑張っていますね。
・同窓会に参加するにしろ、しないにしろ、ご連絡ください。
・行くにせよ、行かないにせよ、返事はしてください。

※　何をするにせよ

問題

① 何をする（　　）、やるからには誠意を持って取り組んでほしい。

　　a によって　　　　　　　b にせよ　　　　　　　c にかけては

②（　　）ダンスにしても彼女の右に出るものはいない。

　　a 歌にしても　　　　　　b 歌もそうだが　　　　c 歌にも

～につけ（～につけて） 🔵 ^{せんしょう}（参照86 につけて）

意味 ～ても（～ても）、どちらの場合でも、～するといつも

接続 A ／ V ＋につけ（につけて）

例文 ・いいにつけ悪いにつけ、子供は親に似る。（＝よくても悪くても、どちらの場合でも）
・歌を聞くにつけ、あの人を思い出す。（＝歌を聞くといつも）

※ 「何かにつけて」（＝何かあるたびに）

＊ ・見るにつけ、考えるにつけ、思い出すにつけ

★ 「～といつも」の意味の場合は「～につけて」と言うこともできる。自然とそうなるという気持ちや事態を表す。

★★ 意志表現、過去形は来ない。

問題

① ニュースを（　　）、あの時代を思い出す。

　　a 聞くとき　　　　　　b 聞くにつけ　　　　　c 聞くにつき

② 空を（　　）につけ、私の気持ちはあなたのそばに飛んでいく。

　　a 見るの　　　　　　　b 見た　　　　　　　　c 見る

〈列挙・例示・選択〉

64　〜というか〜というか ●●

意味	〜ともいえる〜ともいえる（例示）
接続	N／A／V 普通形＋〜というか〜というか
	N-だ／ナ A-だ＋〜というか〜というか
例文	・あの子は元気というか、自由奔放というか、いつも走り回っている。
	・彼の成功にうれしいというか、ジェラシーを感じるというか、複雑な気持ちである。
＊	・個性的というか、変わっているというか／純粋というか、子供っぽいというか
★	後半の「〜というか」は省略できる。

例　このスープは珍しいというか、（変わっているというか、）初めて食べる味でした。

問題

① 彼の歌声は（　　）というか、絶望的というか、私の心を鷲掴みにしてしまう。

　　a 低い　　　　　　　b 高い　　　　　　　c 悲しい

② そのドラマは残酷（　　）、現実の反映というか、なんとも言えない。

　　a というか　　　　　b というが　　　　　c といえるか

---

65 〜はまだしも／〜ならまだしも ●

意味 〜なら少しはいいが

接続 N＋はまだしも／ならまだしも

例文
・5分ならまだしも、1時間も英語で話すなんて無理です！
・アルバイトで稼げる金額では、短期 留学ならまだしも、2年間の留学はできないです。

★ 「簡単に、負担なくできること」の後について、後半は「より大きい、広い範囲」の言葉が続く。

★★ 後半に「驚きや無理である」ことを表すとき、「は／なら」の代わりに「なんて」をつける。

問題

① 日本語（　　）スペイン語なんてできません。

　　a なら　　　　　　　　b ならまだしも　　　　　　c ならまだ

②（　　）はまだしも、生活費まではアルバイトでまかなえません。

　　a お小遣い　　　　　　b 建築費　　　　　　　　c 海外居住費

〈列挙・例示・選択〉

66　〜といった ●○

意味 〜いくつかの例（れい）をあげて、まとめる

接続 N ＋といった＋ N

例文
・ピーマン、ホウレンソウ、小松菜（こまつな）といった、グリーン野菜（やさい）が体（からだ）にいいんだって。

・アーモンド、クルミといったものはビタミンＥが豊富（ほうふ）である。

問題

① 読書（どくしょ）、旅行（りょこう）（　　）趣味（しゅみ）を持（も）つのは大切（たいせつ）である。

　a といって　　　　　　　b というの　　　　　　　c といった

② 息子（むすこ）は、電車（でんしゃ）、（　　）といった乗（の）り物（もの）が大好（だいす）きだ。

　a トラック　　　　　　　b レゴ　　　　　　　　c 絵本（えほん）

67 〜とか ●

意味 〜と聞（き）いた（はっきり分（わ）からないけど）

接続 N／A・㋩A／V普通形（ふつうけい）＋とか

例文
・コロナは風邪（かぜ）の一種（いっしゅ）だとか。
・横浜赤（よこはまあか）レンガ倉庫（そうこ）の祭典（さいてん）、オクトーバーフェスト秋祭（あきまつ）りは３年（ねん）ぶりに開催（かいさい）するとか。

問題

① 堀川（ほりかわ）さんは３年（ねん）も海外出張（かいがいしゅっちょう）で、現在一人（げんざいひとり）（　　）とか。

　　a 暮（く）らして　　　　　　b 暮（く）らしだ　　　　　　c 暮（く）らす

② 蒲田（かまた）さんは勉強（べんきょう）そっちのけでアルバイトに夢中（むちゅう）になり、２回（かい）も（　　）とか。

　　a 留年（りゅうねん）した　　　　b 留学（りゅうがく）した　　　　c 留守（るす）した

〈列挙・例示・選択〉

68 〜が／も〜なら／ば、〜も ●━

意味 〜も〜も（両方とも）

接続 N1 も V ば N2 も V

N1 も A ければ N2 も A

N1 も㋫ A なら N2 も㋫ A

N1 も N なら N2 も N だ

例文
・成功するため、毎日勉強もすれば、運動もする。

・わが娘は顔も美しければ、声もきれい。

・彼は歌も上手なら、外見もスマートだ。

・リカちゃんが物知りなら、早苗ちゃんも物知りだ。

★ 名詞の後、同じ言葉を繰り返す。

「N1 もできれば N2 もできる」；英語もできれば、ベトナム語もできる。

「N1 もよければ N2 もいい」；性格もよければ、顔もいい。

「N1 も親切なら N2 も親切だ」；キムさんも親切なら、リーさんも親切だ。

「N1 がプロなら N2 もプロだ」；山田さんもプロなら、鈴木さんもプロだ

問題

① 残念ながら、太郎は背も小さければ、（　　）小さい。

  a 肝も　　　　　　　　b 肝が　　　　　　　　c 肝でも

② 息子は、顔も（　　）、気前もいい。パパそっくり！

  a よくても　　　　　　b よければ　　　　　　c よいと

〈関係・無関係・否定など〉

69 ～を問わず ●●●

意味 ～に関係なく

接続 N＋を問わず

例文 ・経験の有無を問わず、この行事のボランティア活動に参加できます。

・季節を問わず、京都は一年を通して美しい。

＊ ・性別を問わず、国内外を問わず、男女を問わず

★ 「性別は問いません」（＝女でも男でもかまいません）という使い方もある。

問題

① 花火大会には（　　）問わず大勢の人々が集まった。

　　a 世代を　　　　　　b 年齢に　　　　　　c 年齢は

② 留学資金を貯めるため、昼夜を（　　）、一生懸命働いた。

　　a 聞かず　　　　　　b 問わず　　　　　　c 寝ず

〈関係・無関係・否定など〉

70 〜もかまわず ●●●

意味 〜普通は気にすることも気にしないで意外なことをする

接続 N／Vの＋もかまわず

例文 ・マイケルは人目もかまわず、改札口の前で私にキスをした。

　　・気温がマイナス10℃を下回るのもかまわず、犬は飼い主を助けるため海に飛び込んだ。

※ なりふり構わず

＊ ・夜もかまわず、場所もかまわず、身なりもかまわず、濡れるのもかまわず、人に見

　　られるのもかまわず

★★ 「構わず」とも書く。

問題

① もうすぐ（　　）かまわず、弟はまだ遊びまわっている。

　　a 手術も　　　　　　　b 手術するも　　　　　　c 手術するのも

② ショッピング依存症の彼女は値段も（　　）、どんどんカートに入れた。

　　a かかわらず　　　　　b かまわず　　　　　　　c かけて

71 ～はともかく（として） ●●●

意味 ～は別にして、～はどうかわからないが今は問題にしないで

接続 N ＋はともかく（として）

A／ナA／V ＋かどうかはともかく（として）

例文 ・新しくできたカフェは、場所はともかく、店の雰囲気は素晴らしい。

・生きる上で、金持ちであるかどうかはともかく、気の置けない友だちは必要だ。

＊ ・見た目はともかく、費用はともかく、行けるかどうかはともかく

問題

① （　　　）、ひらがな、カタカナは読めるようになった。

a 漢字ともかく　　　　　b 漢字はともに　　　　　c 漢字はともかく

② 海外旅行に行けるか（　　）ともかく、まずは国内旅行をたくさんしたい。

a どうかは　　　　　b どうかで　　　　　c どうかも

〈関係・無関係・否定など〉

72　～はさておき ●●

意味　～はとりあえず考えないで（ほかにもっと大事なことがある）

接続　N＋はさておき

例文
・留学生交流会は、日程はさておき、まず開催するかどうかを決めましょう。
・冗談はさておき、本ミーティングのテーマに入りたいと思います。

＊　・冗談はさておき、見た目はさておき、難しい話はさておき

問題

① 金額の多少は（　　）、寄付活動に参加することに意義があるでしょう。

　a ともに　　　　　　　b おいて　　　　　　　c さておき

②（　　）さておき、現地の状況に合った建築設計ができるかどうかが問われます。

　a 受賞歴は　　　　　　b 受賞歴に　　　　　　c 受賞歴を

73 　～に関わって／～に関わり、～に関わる ⬤━

意味　～に関係して、～に関係ある

接続　N に＋関わって／関わり

　　　　N に＋関わる＋N

例文　・汚職事件に関わって逮捕された人たちの中には、議員ばかりでなく、検事もいる。

　　　　・教育にかかわる仕事に携わっていた、昔の生徒を思い出す時があります。

※　・「命にかかわる病気」＝命に影響する

問題

① （　　　）病気じゃないから、くよくよせず明るく生きましょう！

　　a 健康にかかわる　　　　　b 命にかかわる　　　　　c 体にかかわる

② 歴史の中で、政治が宗教に深く（　　　）事例は多くある。

　　a 基づく　　　　　　　　　b 問う　　　　　　　　　c 関わった

〈関係・無関係・否定など〉

74　〜にかかわりなく／〜にかかわらず　●●　(参照 93 にもかかわらず)

意味　〜には関係なく（同じようになる）

接続　N に＋かかわりなく／かかわらず

例文　・毎月 1 日は性別にかかわらず、1200 円で映画鑑賞ができる。

　　　　・市営バスは距離にかかわりなく、均一運賃で 220 円です。

＊　・国籍にかかわりなく、上手下手にかかわらず、好き嫌いにかかわらず、あるなしに
　　かかわらず

問題

① 参加する（　　）、必ず連絡してください。

　　a しないにも　　　　　　b しないにかかわらず　　c しないにおいて

② 京都バス一日乗車券は（　　）回数にかかわらず、700 円です。

　　a 乗るか　　　　　　　　b 乗る　　　　　　　　　c 乗った

75 〜わけがない／〜わけはない ●●

意味 〜はずがない、絶対〜ない

接続 A ／ ㋨ A・㋨ A な／ V ＋わけがない／わけはない

例文 ・うちの子に限って、そんなことをするわけがない。

・こんなに見つめられて、恥ずかしくないわけがない。

問題

① 事故で3時間も待ち合わせに遅れてしまった。彼女がそんなに長い時間（　　）がない。

a 待つこと　　　　　　b 待つもの　　　　　　c 待つわけ

② こんなに重い物を片手で持てる（　　）。

a わけがある　　　　　b わけがない　　　　　c わけがわからない

〈関係・無関係・否定など〉

76　〜わけではない／〜わけでもない／〜というわけではない ●●

意味　特に〜でもない、全部／必ずしも〜とは言えない

接続　V／A／ナA＋わけではない／わけでもない／というわけではない

N（だ）／ナA（だ）＋というわけではない

V ている・V ていた・V られる・V させる＋わけではない／わけでもない

例文
・あなたが望めば、いつでも会えるというわけではない。
・辞書ならどれでも同じというわけではない。

★　「いつでも、必ずしも」と一緒に使われることも多い。

★★　「必ずしも〜わけではない」（＝必ずしも〜とは限らない）

　　例　日本に長く住めば、必ずしも日本語が上手に話せるわけではない。

問題

① 中華街に行きたくないとは言ったが、お金がない（　　）。

　　a わけではない　　　　b わけだ　　　　　　c わけだった

② 家にいる時はずっとテレビをつけておくが、見たいわけ（　　）。

　　a だろうか　　　　　　b でもない　　　　　c だった

77 **〜わけにはいかない** ●●● （話）（参照 169 わけにもいかない）

意味 ①（理由があって）〜ことはできない

②〜なければならない

接続 Ｖ・Ｖない・Ｖている・Ｖさせる＋わけにはいかない／わけにもいかない

例文 ・親友に頼まれたから、<u>断るわけにはいかない</u>。（＝断れない）

・危ない所だから、女性一人で<u>行かせるわけにはいかない</u>。（＝行かせられない）

・今夜は決勝戦なので、<u>見ないわけにはいかない</u>。（＝絶対見る；二重否定は強い肯定になる）

・理事長である以上、総会に<u>出席しないわけにはいかない</u>。（＝出席しなければならない）

★ 前半に理由や状況説明を表す「〜から、〜ので、〜が、〜以上」などが来る。

★★ 「〜しなければならない」より話し言葉に近い。

★★★ 能力的にできないことには使えない。

例 × 金づちだから、泳ぐわけにはいかない。

○ 金づちだから、泳げない。

問題

① 大親友の授賞式だから、（　　）わけにはいかない。

　a 出席しない　　　　　b 出席する　　　　　　　c 出席しなくていい

② 大バーゲンだからといって、むやみに買う（　　）いかない。

　a わけで　　　　　　b わけに　　　　　　　c わけには

〈関係・無関係・否定など〉

78 〜わけだ／〜というわけだ ●●

意味 〜のは当然だ、言い換え、納得だ

接続 Nな／A／ナA／V＋わけだ

N／ナA＋（だ）というわけだ

例文 ・毎日そんなにお酒を浴びるように飲むなんて、体がもたないわけだ。

・双子だから、顔がそっくりというわけだね。

★ 前半に経緯の説明を表す「〜から、〜ので」が来ることが多い。

★★ 言われたことに対して言い換えるか、納得した場合は、「つまり／だから／それで〜というわけだ」と続く。

例 A：ホテル代は二人で4万円です。

B：だから、一人2万円になるというわけだね。

問題

① お母さんがミスジャパンなんだって。そりゃ娘も（　　）わけだ。

a 美人の　　　　　　　b 美人な　　　　　　　c 美人で

② 明治元年（1868）創業のうなぎ屋ですから、それは美味しい（　　）です。

a というわけ　　　　　b ということ　　　　　c というもの

79 ～どころか 🔘🔘

意味 ～の程度ではなく、予想とは大違いだ。

接続 N／A／⊕A／V ＋どころか／どころではない

例文
・寒気がして風邪かと思ったら、風邪どころか肺炎だった。
・誕生日なのに花束どころか、おめでとうのひと言もなかったよ。

★ 後半に程度の大きいことや反対のことなど、予想違いやより悪い状況が続く。

★★「～どころか～も／さえ…ない」の形もある。

問題

① あまりの忙しさに、休みどころか、（　　）行けなかったよ。
　　a 休憩所も　　　　　　　b 屋上も　　　　　　　c トイレも

② 料理は（　　）、インスタントラーメンさえ作ったことがない。
　　a 肉じゃがすら　　　　b 肉じゃがどころか　　　c 肉じゃがでさえ

〈関係・無関係・否定など〉

80　〜どころではない／〜どころじゃない ●●

意味 〜できる状況ではない、予想とは大違いだ

接続 Ｎ／Ｖ・Ｖ ている＋どころではない

例文 ・事務所が泥棒に入られ、仕事どころではなかった。

・高熱を出していて、遊びに行くどころじゃない。

※ それどころじゃない

★ 「〜ができる」余裕がないことを表す。

問題

① 明日から海外出張に行くので、（　　）ではない。

　a パーティーどころ　　　b パーティーとき　　　c パーティーこと

② 絶対行くつもりだったのに、体調を崩して修学旅行どころ（　　）。

　a だった　　　　　　　b である　　　　　　　c ではなかった

81　〜ものか／〜ものですか 🔊🔊（話）

意味　絶対に〜ない、少しも〜ない

接続　A ／ V ＋ものか／ものですか

　　　　N な／ナA な＋ものか／ものですか

例文　・こんな田舎で何もない所に観光客が来るものですか。

　　　　・こんな寒い所に住めるものか。

★　さらにくだけた表現として「もんか、もんですか」とも言う。

★★　女性は「〜ものですか／もんですか」を主に使う。

問題

① 元気な（　　　）。熱もあるし、頭も痛くてしんどいよ。

　　a もんか　　　　　　　b もんだ　　　　　　　c ものだ

② あんなおもしろくない所に（　　　）もんか。

　　a 行っていい　　　　　b 行く　　　　　　　　c 行った

〈関係・無関係・否定など〉

82 ～ものか／もんか、～ものですか／もんですか ●● （話）

意味 絶対～するつもりはない

接続 V ＋ものか／ものですか

例文 ・こんなに辛いとは知らなかった。もう二度と恋なんてするものか。

・あんな自分勝手な人、二度と会うものか。（＝絶対会わない）

★ さらにくだけた表現として「もんか、もんですか」とも言う。

★★ 女性は「ものですか／もんですか」を主に使う。

問題

① 許すものですか。地獄へ行っても（　　）。
　　a 忘れるわ　　　　　b 忘れたいわ　　　　　c 忘れることはないわ

② 義務や責任感だけで結婚生活を（　　）ですか。
　　a 続けられること　　b 続けられるもの　　　c 続けられるわけ

比べよう ⑤ 　関係・無関係の文型 「～はともかく」「～はさておき」

文型番号・文型	前半	後半	話、書、硬、(一)
71　～はともかく	○　話の最初		
72　～はさておき	×　話の最初	話の続き	

例
○　A：このルイヴィトンのカバン、素敵だわ。B；値段はともかく、このカバン欲しい！
○　A：このルイヴィトンのカバン、素敵だわ。B；値段はさておき、このカバン欲しい！
○　値段はともかく、このカバン欲しい！
×　値段はさておき、このカバン欲しい！

★　「～はさておき」は、話の最初は使えない。

〈条件・仮定など〉

83 ～限り（は）／～ない限り、～限り（では）●●●

意味 ～間は

接続 Nである＋限り（は）

ナＡな・ナＡである＋限り（は）

Ｖ・Ｖている／Ｖない＋限り（は）／限り（では）

例文 ・私がコーチである限りは、最後までサポートするよ。

・彼が店長でいる限り、この店は繁盛するだろう。

＊＊ 余程のことがない限り（＝普通じゃないことがなければ）、余程の読み方は「よほど、

よっぽど」がある。

＊ ・大学生である限り、火災が発生しない限り、体が健康である限り、謝らない限り

★ 「～ない限り」は後半に否定形が来ることが多い。

例 生活習慣を改めない限り、この病気は治らないでしょう。

緊急事態でない限り、このボタンは押さないでください。

問題

① 日本に（　　）、日本語で話そう。

　　a いる限って　　　　　b いる限りも　　　　　c いる限りは

② その話し方を（　　）限り、いい人間関係を作るのは無理だろう。

　　a 改めない　　　　　　b 改める　　　　　　　c 改めた

84 　**〜次第で／次第では／次第だ** ●●● （硬）（参照 15 次第）

意味　〜によって（変わる／決まる）

接続　N ／ V ます＋次第で／次第では／次第だ

例文　・あなたの努力次第で、今後の人生は変えられる。
　　　・今回のイベントは状況次第で、中止になる場合もあります。
　　　・花火大会が開催されるかどうかは、今日の天気次第です。（＝天気によって決まる）

✳　・練習次第で、使い方次第で、運次第だ、言い方次第で、結果次第だ

★　後半には、「変わる、決まる、増える、減る」など変化を表す言葉がよく来る。

★★　過去形は来ない。

★★★　「〜かどうかは〜次第だ」＝「〜次第で、〜かどうかが決まる」

　　　　例　成功するかどうかは、君の頑張り次第だ。
　　　　　　（＝君の頑張り次第で、成功するかどうかが決まる。）

問題
① 店の雰囲気（　　　）、客層が決まる。
　　a の次第で　　　　　　　b 次第で　　　　　　　c 次第に
② 検査結果は、混雑状況次第で夜遅い時間に（　　　）場合がございます。
　　a 調査される　　　　　　b 研究される　　　　　c 発表される

〈条件・仮定など〉

85 　〜抜きに／〜抜きで／〜抜きにして（は） ●●●

意味　〜がなければ

接続　Nは＋抜きに／抜きで／抜きにして／抜きのN

　　　　N（を）＋抜きに／抜きで／抜きにして／抜きのN

　　　　N（を）＋抜きに（は）／抜きで（は）／抜きにして（は）＋…ない

例文　・論文の話は抜きにして、今夜はじゃんじゃん飲みましょう！

　　　　・寿司抜きの日本料理は考えられない。（＝寿司のない日本料理）

　　　　・「早寝早起き朝ごはん」を抜きにして、健康な生活リズムは取り戻せない。

＊　・お世辞抜きで、仕事の話は抜きにして、冗談は抜きにして

★　「N（を）＋抜きにして（は）＋…ない」；「前半のNをとても高く評価している」、「N を考えないでは、〜できない」という意味。

> **例**　先生のご指導を抜きにしては、今の私は存在しません。
> 　　　（＝先生のご指導があってこそ）

問題

① このご時世、（　　　）を抜きにして、オンライン授業はできないだろう。

　　a zoom 　　　　　　　　b twitter 　　　　　　　c Facebook

② リカさん（　　　）、この日本語ボランティア活動は続けられません。

　　a の抜きでは 　　　　　b 抜きでは 　　　　　　c 抜きからは

86 〜につけて ●●●

意味　〜したら（いつも、そのたび）

接続　V +につけて

例文　・サザンオールスターズの歌を聞くにつけて、海に行きたくなる。（＝聞くといつも）
　　　　・上司は何かにつけて、いつも文句を言ってくる。（＝何かある度に）

★　「〜つけて」の「て」を省略すると、やや硬く感じる。

問題

① 病弱な彼女の入院のうわさを聞くに（　　）、心配になる。

　　a たいして　　　　　　　b かけて　　　　　　　　c つけて

② 一人暮らしの小林さんは（　　）につけて、自分へのご褒美を買っている。

　　a 何か　　　　　　　　　b 何も　　　　　　　　　c 何とも

条件・仮定などの文型を覚えよう！

〈条件・仮定など〉

87　～としたら／～すれば／～すると ●●●

意味　もし～だったら／仮定

接続　$\boxed{\text{N／A／(ナ)A／V}}$普通形＋と＋したら／すれば／すると

例文
・それが本当だとしたら、通報した方がいいかもしれない。
・外国人としてもう一度生まれるとしたら、どの国に生まれたいですか。
・新婚旅行に行くとすれば、ハワイだね。

✱
・宝くじに当たったとしたら、過去に戻れるとしたら、富士山に登れるとすれば、皆既月食が見られるとすると

★　「～としたら」の後半は、「～たい、～と思う、～だろう、～ですか」など、希望や判断、予想、疑問を表す文が続く。

★★　「～とすれば」の後半は、「～と思う、～だね」など、主観的判断や評価を表す文がよく来る。

★★★　「～とすると」の後半は、「～しかない、～だろう、～だと思う」など、客観的に見て当然と思われることが続く。

問題

① スペインに（　　）、マドリードにあるプラド美術館に行きたい。
　　a 行くには　　　　　　b 行くとしたら　　　　c 行くとして

② タブレットを（　　）すれば、やはりサムソンの Tab S6 です。
　　a 買うに　　　　　　　b 買うから　　　　　　c 買うと

88　～にしたら／すれば／しても、～にしてみたら／みれば ●●

意味　～には、～の立場になって考えれば、～の立場から言っても

接続　Nに＋したら／すれば／しても

　　　　Nにして＋みたら／みれば

例文
・歪んだ母の愛は、子供にしてみれば苦痛そのものだ。
・進路は高校生本人だけでなく、担任にしても慎重に決めたいものです。

＊
・留学生にしたら、先生にしたら、両親にしても、外国人にしてみれば、客にしてみ
　れば
・当時にしてみれば（＝当時には）

★　人を表す名詞につく。

★★　個人に対しては「～にとって」の方がもっとよい。

★★★　後半に「～だろう、～でしょう、～はずだ」など、気持ちや考えを推量する文が続く
　ことも多い。

問題

① 面接の結果が心配なのは、（　　　）しても同じだろう。
　　a 親に　　　　　　　　　　b 親は　　　　　　　　　　c 親も

② アメリカ生まれの（　　　）みれば、英語は母語同然でしょう。
　　a 彼女と　　　　　　　　　b 彼女にして　　　　　　　c 彼女は

第8章

〈条件・仮定など〉

89　〜れるものなら／〜れるもんなら ●●

意味　もし〜できるならそうしたい

接続　Ｖれる＋ものなら／もんなら

例文
・一番幸せだった子供の頃に戻れるなら、戻りたい。
・自分の人生をやり直せるものなら、やり直したいと思う。

＊　・できるものなら、行けるものなら、出られるものなら、変えられるものなら

★　後半に「〜たい、〜みろ、〜てほしい」など、期待や命令、願望を述べているが、実際はできない。

> **例**　○　死に別れた彼女に会えるものなら、もう一度会いたい。
> 　　　　×　彼女に会えるものなら、大阪で会いたい。
> 　　　　○　彼女に会えるなら、大阪で会いたい。

★★　相手を挑発、刺激するような言い方になることもある。

> **例**　やれるもんなら、やってみろ。

問題

① 亡くなった母に会える（　　）、もう一度会って謝りたい。

　a ものと　　　　　　　b ものから　　　　　　c ものなら

② あの交通事故のことを（　　）なら、忘れたいよ。

　a 忘れられるもの　　　b 忘れるもの　　　　　c 忘れてもいいもの

90 ～（よ）うものなら／～（よ）うもんなら 🔊

意味 もし～たらきっと大変なことが起こる

接続 Ｖう・Ｖよう＋ものなら／もんなら

例文 ・桃アレルギーがあるので、食べようものなら、全身がかゆくなります。

　　　・こんな台風の中、外に出ようものなら、飛ばされてしまうだろう。

＊ ・ばれようものなら、反対しようものなら、忘れようものなら、言おうものなら

★ 「～もんなら」は話し言葉。

問題

① 戦場取材に（　　）ものなら、事件に巻き込まれる危険がある。

　 a 行く　　　　　　　　b 行こう　　　　　　　　c 行かれる

② 水の流れが激しいので、渡ろうものなら、（　　）でしょう。

　 a 行ける　　　　　　　b 渡れる　　　　　　　　c 溺れる

〈条件・仮定など〉

91　～かのようだ ⚫︎▬

意味　まるで～みたいだ、～ように見える／感じる

接続　$\boxed{\text{N／A／ナ A／V}}$ 普通形＋かのように

　　　　 Nである／ナ Aである＋かのように

例文　・子供はもうこれで命尽きるかのように、泣き叫んだ。

　　　　 ・その話を聞いて、まるで天に昇っているかのようだった。

✳︎　・わが子かのように、女優であるかのように、人間であるかのように

　　　 ・何もなかったかのように、見たかのようだ、体験したかのようだ

問題

　① 日の出を見ていると、まるで新しい世界が（　　）ような気がする。

　　 a 生まれるかの　　　　　b 生まれるか　　　　　c 生まれるの

　② 亡くなった父が、いつもどこかで私を見守っている（　　）です。

　　 a かのみたい　　　　　b かのよう　　　　　c かのしだい

92　〜ないことには ⬤

意味　まず〜なければ、…ない

接続　V1 ＋ないことには＋ V2

　　　　N でない＋ことには

例文　・その人に会ってみないことには、信頼していいかどうかわからない。

　　　　・プロでないことには、彼にこの事業は任せられない。

＊　・相談してみないことには、食べてみないことには、いないことには

問題

① 食べてみない（　　　）、このメロンが甘いかどうか分からない。

　a ことに　　　　　　　　b ことから　　　　　　　c ことには

② 輸送の安全が（　　　）、世界の食糧危機を解決できないだろう。
　a 保証されないことには　b 保証されることには　　c 保証されてことには

93 〜にもかかわらず ●●● (参照74 にかかわらず)

意味 〜のに（それに関係なく）

接続 N・Nである／ナAAである＋にもかかわらず

V／A＋にもかかわらず

例文 ・悪天候にもかかわらず、そのイベントは盛況だった。

・ケーキを食べたにもかかわらず、食べてないと、しらを切った。

＊ ・雨天にもかかわらず、ご多忙にもかかわらず、それにもかかわらず、時間がないに

もかかわらず

★ 後半に「驚き、意外、残念、不満」の気持ちを表す。

問題

① 輸出が好調である（　　　）、エネルギー輸入額の増加で貿易赤字が続く。

　　a にかかわらず　　　　　b にもかかわらず　　　　c のにかかわらず

② 彼女はとても（　　　）にもかかわらず、なぜか恋愛ができない。

　　a きれいだ　　　　　　b きれいだから　　　　　c きれいである

94 〜ものの／〜とはいうものの ●●●

意味 〜けれど

接続 N／A／ナA／V 普通形＋ものの／とはいうものの

例文
・運転免許は持っているとはいうものの、使わずペーパードライバーになっている。
・申し込みはしたものの、受験場所を東京のつもりがうっかり京都にしてしまった。

✱
・ブランド品であるものの、忙しいものの、卒業したものの、安いものの、丁重なものの、わがままなものの、経験はあるものの
・秀才だとはいうものの、就職したとはいうものの、給料をもらったとはいうものの

★ 「〜ものの」後半に「事実、状態や結果」を表す。

★★ 「〜とはいうものの」は「表面上は〜けれど」という意味で、実際は予想とは違うことを表す。

問題

① 知り合いから高級な服を（　　）ものの、派手過ぎて着られない。

　　a もらう　　　　　　　b もらった　　　　　　　c もらていた

② 成功したとはいうものの、不安な気持ちは（　　）。

　　a 拭い切れない　　　　b 拭いた　　　　　　　c 拭える

95　〜ながら（も）●●●

意味　〜けれど、〜ているのに

接続　Ｎ／Ａ／㋯Ａ／Ｖます＋ながら（も）

例文　・悪いことと知りながら、違法サイトに夢中になってしまった。

　　　　・大都会でありながら、花や緑に身近に触れることができる。

＊　・残念ながら、今さらながら、狭いながらも楽しい我が家

問題

　① 夫は気が（　　）ながら、妻のために体外受精を試した。

　　　a 進まない　　　　　　b 進める　　　　　　c 進んでいる

　② あの子は子供ながら、（　　）考えを持っている。

　　　a 子供みたいな　　　　b おさない　　　　　c しっかりした

96 ～つつ（も） ●●● （硬）

意味 ①～ながら（も）／～と同時に

②～したが／～したのに

接続 Ｖます＋つつ（も）

例文 ・個性を認めつつも、社会のルールやモラルを守るように導く。

・BTSの今の状況を見守りつつ、今後も応援していきたいと思います。

＊ ・考えつつ、感じつつ、祈りつつ、心配しつつ、残しつつ、緊張しつつ、動揺しつつ、
分かりつつも

★ 「言う、知る、信じる、疑う、思う、諦める、気になる」など、心の状態を表す言葉に付く。

問題

① 彼らはもう別れたと（　　）つつ、連絡を取り合っている。
　a 言って　　　　　　　b 言う　　　　　　　c 言い

② 好きな人が犯罪者かもしれないと（　　）、知らないふりをしていた。
　a 知りつけて　　　　　b 知りつつ　　　　　c 知りつもりで

第
９
章

〈逆接〉

97　〜からといって／〜からって ●●

意味 〜という理由だけで（〜ない）

接続 │N／A／ＦＡ／Ｖ│普通形＋からといって／からって

例文
・嫌いだからといって、上司と顔を合わせないわけにはいかない。
・忙しいからといって、ちゃんと食べないと体を壊すよ。

＊
・金持ちだからといって、面白いからといって、大学を出たからといって、親切だか
らといって

★
後半に「〜わけにはいかない、〜とは限らない、〜とは言えない」など、部分否定の
表現が来ることが多い。

問題

① 連休だから（　　）、シェフの私がレストランに出ないわけにはいかない。

　　a いっても　　　　　　b といって　　　　　　c いって

②（　　）からといって、好きなものばかり食べ過ぎるのはよくない。

　　a 好きだ　　　　　　b 好きで　　　　　　c 好きな

意味 ～だけど（一般的なイメージや想像とは違って）

接続 N ／ A ／ ㊈A ／ V 普通形＋といっても

例文 ・手術は大変だといっても、術後3日も経てば、一人で歩ける。

・料理ができるといっても、私が作れるのはインスタントラーメンくらいです。

✳ ・本といっても漫画、料理といってもカップヌードル、バイト代といっても1日3千円

★ 後半に「そのイメージや想像とは違った」内容が来る。

問題

① （　　　）といっても、金もなければ、経営者としての責任感もない。

a 社長　　　　　　　b 店長　　　　　　　c 部長

② 給料がいいといっても、月給せいぜい（　　　）程度です。

a 100万円　　　　　b 150万円　　　　　c 20万円

〈逆接〉

99　～くせに／～くせして ●● （話）（一）

意味 ～という立場や身分なのに（非難の気持ち）

接続 N／A／ナA／V 普通形＋くせに／くせして

Nの／ナAな＋くせに／くせして

例文
・知らないくせに、知ったかぶりするなよ。

・大学生のくせして、そんな子供じみたこと言わないで。

＊
・男のくせに、何もできないくせに、貧しいくせに、生意気なくせに、嘘を言ったくせに

★ 主語は必ず自分以外の人。後半に主にマイナス内容が来る。

★★ 相手をからかう時は、「嬉しいくせに」のように、プラスの内容につける場合もある。

★★★ 「くせして」は、よりくだけた表現。

問題

① （　　　）のくせして、そんなことも知らないのですか。

　a 子供　　　　　　　　b 大学　　　　　　　　c 先生

② 母親のくせに、自分の子供の気持ちも（　　　）の？

　a 理解しない　　　　　b 理解できない　　　　c 理解する

100　〜にしては ●●

意味　〜という点から考えてふさわしくない、意外だ、予想外だ

接続　N／A／V 普通形＋にしては

　　　　N である／（ナ）A である＋にしては

例文　・この絵、小学 3 年生にしては、上手だね。

　　　　・四か国語ができると大口をたたいたにしては、上手でもなかった。

＊　・はじめてにしては、14 才にしては、プロにしては下手、全く練習しなかったにしては
　　　上手

★　他人を批判、評価する時の表現。

★★　自分のことには、ほとんど使わない。

★★★　「にしては」は具体的な数値や内容の言葉に付く。

　　　例　○　彼女は 16 才にしては大人っぽいね。
　　　　　　×　彼女は年齢にしては大人っぽいね。（年齢は幅広い言葉だから×）
　　　　　　○　彼女は年齢のわりには大人っぽいね。

問題

　① この絵、12 才の子が描いた（　　）、その表現力が素晴らしい。

　　a にして　　　　　　　　b にしては　　　　　　　c にしても

　② 大金持ちにしては、（　　）暮らしをしていた。

　　a 貧乏な　　　　　　　　b ぜいたくな　　　　　　c 不安な

〈逆接〉

101 ～一方（で）📀

意味 ①～が／～のに（対比）、～である

②また／～同時に（並列）

接続 A／V＋一方（で）

Nである／ナAな・ナAである＋一方（で）

例文 ・シルクは温かい一方で、値段が高い。

・ナイロンの発明で丈夫なストッキングが作れる一方、生糸産業が衰退した。

・彼女は韓国語の講師をしている一方で、通訳の仕事もこなしている。

＊ ・辛い一方で、増えている一方で、得意な一方で、

・英語も話せる一方で手話もできる

★ 対比の意味の場合は、一つのことについて、「二つの面がある、状況が大きく違う」ことを表す。

★★ 並列の意味の場合は、二つのことを同時に行う。つまり、あることと並行して、「後ろにはそれと違った別のことをする」ことを表す。

問題

① 桜の花は（　　　）、残念ながらすぐに散ってしまう。

　　a 美しい一方　　　　　　b 美しい次第　　　　　　c 美しい限り

② 水害防止予算を増やすと言う（　　　）予算が削減されていた。

　　a 一応は　　　　　　　　b 一旦は　　　　　　　　c 一方で

比べよう ⑥ 逆説の文型「～にもかかわらず」「～ものの」「～といっても」

文型番号・文型	意味	後半
93 ～にもかかわらず	～のに （それに関係なく）	驚き、意外、残念、不満の気持を表す
94 ～ものの	～けれど	事実、状態や結果を表す
98 ～といっても	～だけど	一般的なイメージや想像とは違う内容

例

「～にもかかわらず」「～ものの」；置き換え可能
- ○ 一生懸命勉強したにもかかわらず、試験に落ちてしまった。（残念な気持ち）
- ○ 一生懸命勉強したものの、試験に落ちてしまった。（落ちたという結果）

「～にもかかわらず」「～ものの」；置き換え不自然
- ○ 彼は雨が降っているにもかかわらず、かさを持たずに飛び出した。
- × 彼は雨が降っているものの、かさを持たずに飛び出した。

「～ものの」と「といっても」の違い
- ○ 付き合ったものの、彼女と別れてしまいました。
  （付き合ったけど別れたという結果）
- × 付き合ったといっても、彼女と別れてしまいました。
- ○ 付き合ったといっても、たったの３日です。
  長い期間付き合う、というイメージと違って３日）

〈様子・傾向〉

102 ～げ ●●

意味 ～しそう、～ような様子（感情表現）

接続 A~い~／~な~ A-な／V たい+げ

例文
・彼の寂しげな目がなぜか魅力的に感じられる。
・田中さんは何か言いたげだったけど、そのまま帰っていった。

＊ ・親しげに言う、自信ありげな様子、わけありげな目、不安げな表情、悲しげに見える、得意げな顔、怪しげな人、不満ありげな表情、食べたげな様子
・人の気持ちではないが、例外的表現；涼しげな服

★ 主に人の気持ちを表す言葉につく。「～そうだ」と入れ替え可能。

例 ○ 李さんは悲しげな顔をしている。

　　○ 李さんは悲しそうな顔をしている。

　　○ このイチゴはおいしそうだ。

　　× このイチゴはおいしげだ。（人の気持ちではないから、×）

★★ 目上の人の様子を表す時にはあまり使わない。失礼な感じがする。

★★★ 「よい／ない+げ」は、

例 ○ よさげ、なさげ。自信なさげな返事

　　× よいげ、ないげ

★★★★ 「いかにも、さも」と一緒に使うことが多い。

問題

① いかにも自信（　　）言ったけど、内心不安だった。

　a あるのに　　　　b ありに　　　　c ありげに

② 木村さんはいつも（　　）言うが、実はコンプレックスがある。

　a 喜びに　　　　b 自慢げに　　　　c 満足に

103 ～がち ●● （一）

意味 ～ことが多い（回数や頻度が多い）

接続 N／V-ます＋がち

例文
・病気がちだったあの子が、大きくなり、今はマッチョになっている。
・最近学校を休みがちだけど、なにか悩み事でもあるの？

※ 曇りがち、「雨がち」とは言わない。

＊ ・遠慮がち、遅れがち、長引きがち、忘れがち、留守がち、あきらめがち、やりがち

★ 「～しがち、～されがち、～になりがち」；口を出しがち、不足しがち、過小評価されがち、早口になりがち、病気になりがち

★★ マイナスの状態を表すので、「成功しがち」などとは言わない。

問題

① 金銭トラブルで人間関係がこじれるって、（　　）話です。

  a ありがちな　　　　　b ありがちの　　　　　c ありがちでの

② 雨の日は人身事故により、電車が（　　）がちです。

  a 遅れそうな　　　　　b 遅れる　　　　　　c 遅れ

〈様子・傾向〉

104 ～っぽい ●●

意味 ～しやすい、ように見える／感じる（傾向、頻度）

接続 N／A～／Vます＋っぽい

例文
・最近、うちの夫、忘れっぽくなりました。
・男っぽい女って、その言葉自体がジェンダー問題に反すると思わない？

＊ ・ほこりっぽい、熱っぽい、理屈っぽい、無理っぽい、油っぽい（＝油が多い）、
大人っぽい、安っぽい、忘れっぽい、飽きっぽい

★ ものの性質について「～傾向がある、～感じがする、よくそうする」という意味で使う。

★★ 「色を表す言葉＋っぽい」；白っぽい、赤っぽい、黒っぽい、など

問題

① 木村さんは飽きっぽいので、何をやっても（　　）。
　 a 工夫しない　　　　　　 b 長続きしない　　　　　 c 調査しない
② あの女優は、演技も上手いしキレイで本当に（　　）ですね。
　 a 色っぽい　　　　　　　 b 理屈っぽい　　　　　　 c 怒りっぽい

105 　～気味（ぎみ）🔊🔊 （一）

意味 　ちょっと～なっている（傾向（けいこう）がある）

接続 　N ／ V-ます＋気味（ぎみ）

例文 　・徹夜続（てつやつづ）きで寝不足気味（ねぶそくぎみ）だ。

　　　　・在宅勤務（ざいたくきんむ）のせいで、最近太（さいきんふと）り気味（ぎみ）です。

＊ 　・疲（つか）れ気味（ぎみ）、緊張気味（きんちょうぎみ）に、やせ気味（ぎみ）、風邪気味（かぜぎみ）、下痢気味（げりぎみ）、減（へ）り気味（ぎみ）、増（ふ）え気味（ぎみ）、サボり気味（ぎみ）、急（いそ）ぎ気味（ぎみ）

問題

① 長谷川（はせがわ）さんはいつも約束時間（やくそくじかん）に（　　）だよね。

　　a 遅（おく）れ気（げ）　　　　　　b 遅（おく）れ　　　　　　c 遅（おく）れ気味（ぎみ）

② 面接官（めんせつかん）の前（まえ）で、（　　）の顔（かお）をしている。

　　a 笑（わら）い　　　　　　b 緊張気味（きんちょうぎみ）　　　　c 緊張（きんちょう）

〈様子・傾向〉

106　〜だらけ 🔘🔘（一）

意味　〜がいっぱいだから良くない、困る

接続　N ＋だらけ

例文　・事件の現場は血だらけで怖い思いをした。
　　　　・台風の影響で、海の公園はゴミだらけになってしまった。

＊　・しわだらけ、泥だらけ、借金だらけ、間違いだらけ、傷だらけ、漢字だらけ

❋　　**例外**　いいことだらけ

★　マイナスの意味で多く使われるが、単純に「〜が多い」という意味の場合もある。

　　　例　「江の島」は猫島と呼ばれるくらい猫だらけですが、まさに猫好きの楽園！

問題

① 台風で家が浸水して家中が（　　）だ。
　　a 泥だらけ　　　　　　b 血だらけ　　　　　　c ほこりだらけ

② K1の試合で負けた選手は、顔が傷（　　）で見てられなかった。
　　a だけ　　　　　　　　b っぽい　　　　　　　c だらけ

107 〜っぱなし ●━ （一）

意味 ずっと〜たままで（不満やあきれた気持ち）

接続 V-ます＋っぱなし

例文
- ずっと立ちっぱなしの仕事なので、足がパンパンに腫れている。
- 息子の部屋は散らかりっぱなしで、足の踏み場もなかった。

* ・開けっ放し、投げっぱなし、打ちっぱなし、出しっぱなし、脱ぎっぱなし、入れっぱなし

問題

① テレビを（　　）で、寝ないでください。

　a つけっぽい　　　　　　b つけっぱなし　　　　　c つけがち

② 会社では苦情の電話の対応で（　　）っぱなしだから、家では一言も話したくない。

　a しゃべり　　　　　　　b しゃべる　　　　　　c 話す

〈様子・傾向〉

108　～切る／～切れる、～切れない ●●●

意味　完全に／最後まで／強く～する、完全に～できない

接続　V-ます＋切る／切れる／切れない

例文
- 東野圭吾の小説はあまりにもおもしろくて一気に読み切った。
- 働きすぎの父は、いつも疲れ切った顔をしている。

＊
- 走り切る、使い切る、疲れ切る、頼り切る、分かり切る、信じ切る、売り切れる
- 話しきれない、覚えきれない、数えきれない、食べきれない、待ちきれない

★　「悔やんでも悔やみきれない」（＝ひどく残念だ）

　　「死んでも死にきれない」（＝あまりに残念で、このままでは死ぬことができない）

★★　「切っても切れない縁」（＝切ろうとしても切ることができない）

問題

① 年をとると、ランチセットは量が多くて（　　）。

　a 食べきれた　　　　　b 食べきる　　　　　　c 食べきれない

② 一度謝ってもらわないと、（　　）死にきれない。

　a 死んでも　　　　　　b 生きても　　　　　　c 言わなくても

109 ～抜く 〔ぬ〕 ●●

意味 最後まで頑張って～する、最後までその状態を～し続ける

接続 V-ます＋抜く

例文
・母親はどんなことがあっても、子供のことは守り抜きます。

・悩みぬいて出した結論です。

＊ ・走りぬく、やり抜く、知りぬく、考え抜く、悩みぬく、耐え抜いた結果

★ 動作動詞（走る、歩くなど）について「最後まで頑張って～する」ということを表す。

★★ 「考える、悩む、悲しむ」などのような言葉について、「苦しかったが最後まで頑張った」「その中で困難を克服する」ということを表す。

★★★ 「～ぬく」とも書く。

問題

① 津波の被害で辛い思いをしたが、みんなで助け合って（　　）。
  a 生き返った　　　　　b 生き抜いた　　　　　c 生き生きした

② 一度始めた仕事は、（　　）やり抜いてください。
  a 最後に　　　　　　　b 最後は　　　　　　　c 最後まで

逆接、様子・傾向などの文型を覚えよう!

比べよう 7　様子・傾向の文型「〜げ」「〜がち」「〜っぽい」「〜気味」

文型番号・文型	N 風邪	A 安い	ナA 不安だ	V 忘れる
102　〜げ	×風邪げ	×安げ	○不安げ	×忘れげ
103　〜がち	×風邪がち ○風邪をひきがち	×安がち	×不安がち	○忘れがち
104　〜っぽい	○風邪っぽい	○安っぽい	×不安っぽい	○忘れっぽい
105　〜気味	○風邪気味	×安気味	○不安気味	○忘れ気味

★ 同じ品詞でも言葉によって違う場合があるので、単語ごとに覚えよう!!

〈原因・理由〉

110 〜ばかりに／〜たいばかりに ●●● （一）

意味 〜ために （予想外の悪い結果、後悔や残念な気持ち）

接続 $\boxed{N／A／ナA／V 普通形}$＋ばかりに

Vたい＋ばかりに

例文
・会社の同僚の保証人になったばかりに、家を失うところだった。

・ファンミーティングに行きたいばかりに、授業を休むことにした。

* ・外国人であるばかりに、美しいばかりに、複雑なばかりに、経験がないばかりに、忘れたばかりに、食べたばかりに、言ったばかりに

・〜が欲しいばかりに（＝どうしても〜したいので）、行きたいばかりに（＝どうしても行きたくて）

★ 「Vたいばかりに」の場合、後半には普通の程度ではないことが続き、マイナスのことが多い。

問題

① 哺乳類であるナマケモノは動きが（　　　）、大量に捕獲された。
　 a 遅いばかりに　　　　　 b 遅いばかりで　　　　　 c 遅いばかりか

②（　　　）ばかりに徹夜してしまった。
　 a 仕事をした　　　　　 b 仕事を終わらせたい　　　　　 c 仕事をする

〈原因・理由〉

111　〜あまり／あまりの〜に／で ●●●（一）

意味　〜すぎて、〜すぎたから（程度がすごくて）

接続　Nの／A⸜さの／㋕Aな／V＋あまり

　　　　あまりのNに／で

例文　・舞台で緊張のあまり、声が震えた。

　　　　・女優のあまりの美しさに、言葉が出なかった。

＊　・うれしさのあまり、悲しみのあまり、怒りのあまり、驚きのあまり、可愛いあまり、

　　　　綺麗なあまり、心配するあまり、恐れるあまり、考えるあまり、急ぐあまり

　　　　・あまりの嬉しさに、あまりのショックで

★　後半は、「普通ではない状態やよくない結果」になることが多い。

★★　「嬉しさ、寂しさ、悲しみ、驚きや緊張」など、人の気持ちを表す言葉によく使われる。

問題

① 恋人を（　　）、リーさんは神経質になってしまった。
　　a 心配するにより　　　　b 心配する通り　　　　c 心配するあまり

②（　　）あまり、事故を起こしてしまった。
　　a 急ぐ　　　　　　　　b 急いで　　　　　　　c 緊急の

112 ～につき ●●○ （書）（硬）

意味 ①～のため、～ので（理由）
②～について（対象／内容）
③～（時間／単位）に対して

接続 N ＋につき

例文 ・危険につき、関係者以外立ち入り禁止。（＝危険なので）
・当駐車場での盗難・事故等につきましては一切責任を負いません。（＝盗難・事故等については）
・パーキング料金は 30 分につき、200 円です。（＝ 30 分ごとに）

* ・理由（～なので）：好評につき、業務多忙につき、店内改装中につき
・場所（～なので）：出入口に付き、私有地につき
・対象／内容（～について）：下記内容につき、この問題につき、参考資料につき、この件につき
・時間／単位（～に対して）：1 時間につき、1 回につき、一人につき、一個につき

★ 張り紙や公式文書などで、現時点での状況を知らせる。

★★ 後半には「～ない、禁止する」など、禁止表現が続くことが多い。

例 工事中につき、通行止め。
私有地につき、立ち入り禁止。

問題

① 車庫出入口（　　　）「駐車」はご遠慮ください。

a について　　　　　　b につき　　　　　　c につけて

② 契約者以外の無断駐車につきましては（　　　）3 万円を徴収させて頂きます。
a 契約金　　　　　　b 現金　　　　　　c 罰金

〈原因・理由〉

113　〜だけに／〜だけあって ●●●

意味　①〜だから当然／よけいに

②〜らしく（〜にふさわしい程度／能力／価値で）

接続　Ａ／Ｖ＋だけに／だけあって／だけのことはある

Ｎな・である・だった＋だけに／だけあって／だけのことはある

ナＡな・である・だった＋だけに／だけあって／だけのことはある

例文　・クルーズ船飛鳥Ⅱだけに、サービスも料理も最高だった。

・通訳のメンバーは有能なだけあって、ほかの分野でも輝かしい活躍をしている。

・頑張っただけに、試合に負けたのが悔しい。

＊　・若いだけに、日本に長く住んでいるだけに、GW なだけに、祝日であるだけに

★　理由や原因の「から、ので」に言い換えられるが、より理由を強調する言い方になる。

★★　後半は、前半の理由から「当然の結果」、または予想と違った「意外の結果」が来る。

★★★　意外の結果の場合は、マイナスの内容が多い。

問題

① 白川郷は（　　）、いつも観光客で込み合っている。

　a 世界遺産だけあって　　b 世界遺産だけで　　c 世界遺産あって

② 普段の行いがいい（　　）、彼はどこへ行ってもだれからも好かれる。

　a だけで　　b だけに　　c だけ

114 ～のことだから ●●○

意味 ～だから、きっと（性格や態度から推量する）

接続 N ＋のことだから

例文
・肝っ玉母さんの林さんのことだから、ちょっとしたことではブレない。
・明るくて太陽のようなナムジュンのことだから、誰からも愛されると思う。

＊ ・彼のことだから、約束は守る彼女のことだから、真面目な小菅さんのことだから

★ 性格やいつもの行動を根拠に、後半は「～だ、～と思う、～でしょう」など、判断や推量が来る。

問題

① 段取りの早い渡部さん（　　）、会食の場所は予約済みだと思います。

　a のことだから　　　　　b のものだから　　　　　c のわけだから

② （　　）久保田さんのことだから、後輩が困っていたらほおっておけないでしょう。

　a 面倒くさい　　　　　b 面倒見のいい　　　　　c 面倒な

第10章

〈原因・理由〉

115 〜上は、〜以上（は）／〜からには ●●●

意味 〜のだから、〜だから絶対／当然

接続 V・Vた＋上は

V／ナA である／N である＋以上（は）／からには

例文 ・留学すると決めた上は、色々覚悟を決める必要がある。

・選ばれた以上は、頑張ります！

・やると決めたからには、誠意をもって臨みたいと思います。

＊ ・こうなった上は、入院する上は、参加する以上は、奨学生である以上は、聞くから

には

★ 後半は「〜つもりだ、〜なければならない、〜べきだ、〜に違いない、〜はずだ」な

ど、決意、アドバイスや禁止を表す文が来ることが多い。

★★ 「上は」は重要な決断や覚悟を述べるかなり硬い表現。

★★★ 「からには」は主観的な話者の意見。

問題

① 実用英語技能検定を受ける（　　　）、1級に合格してみせる。

a 以外は　　　　　　　　b 以上は　　　　　　　　c 以下は

② 一旦引き受けた（　　　）、最善を尽くします。

a からといって　　　　　b ことから　　　　　　　c からには

116 ～次第です ●●● (一)

意味 ～というわけだ／事情だ（理由、事情の説明）

接続 V・Vた・Vている＋次第です

例文
・半藤さんの勧めで、このコンペティションに応募した次第です。（＝応募したのは、半藤さんの勧めがあったからです。）

・このたびイベントの担当になりましたので、ごあいさつに伺った次第です。（＝伺ったわけです）

＊ ・ご説明する次第です、応募した次第です、確認した次第です、お勧めしている次第です

★ 日常会話ではあまり使わない。

★★ 丁寧な言い方なので、「次第です」の形で使われる。

問題

① 横浜港の発展に少しでもお役に立てたらと、このプロジェクトに参加した（　）です。

　　a 自身　　　　　　　b 自信　　　　　　　c 次第

② 調査の結果について、あらためて（　）次第です。

　　a お知らせ　　　　　b お知らせする　　　　c 知らせて

〈原因・理由〉

117　～せいで ●● (一)

意味　～が原因で悪い結果になった

接続　Nの／ナＡな＋せいで

$\boxed{A／V}$普通形＋せいで

例文　・気候変動のせいで、全世界で異常現象が起こっている。

・ミン・ジン・リーさんはいじめられたせいで命を絶ってしまった高校生の話を聞い

て、「パチンコ」という本を書く決心をしたそうだ。

＊　・渋滞のせいで、人身事故のせいで、飲み過ぎたせいで

★　「せいか」は理由がはっきりしない、断定しないときに使う。

例　昨日飲み過ぎたせいか、頭が痛い。(＝だぶん飲み過ぎのせいだとは思うが)

昨日飲み過ぎたせいで、頭が痛い。(＝飲み過ぎのせいだ)

問題

① 疲れている (　　　)、やる気が出てこない。

a せいでも　　　　　　b おかげで　　　　　　　c せいで

② DVを (　　　) せいで、対人関係作がうまくいかなくなった。

a 受ける　　　　　　b 受けた　　　　　　　c 受けての

118 ～おかげで 🔵🔵 （＋）

意味 ～が原因でいい結果になった

接続 Nの／ナ Aな＋おかげで

　　　 A／V普通形＋おかげで

例文 ・みなさんが陰で支えてくださったおかげで、この難関を乗り越えられました。

　　　 ・近藤さんのおかげで、林さんとこの企画に講師として参加できました。

＊ ・励ましのおかげで、zoom のおかげで、頑張ってくれたおかげで、聞いてくれたお

　　　 かげで

★ 「おかげで」をマイナス内容に使うと、皮肉となり、逆の意味になる。

　　　 例 あんたのおかげで、首になっちゃったよ。（＝あんたのせいで）

★★ 「おかげか」は理由がはっきりしない、断定しないときに使う。

　　　 例 薬のおかげか、熱が下がった。（＝だぶん薬のおかげだとは思うが）

　　　　　 薬のおかげで、熱が下がった。（＝薬のおかげだ）

★★★ 文頭に「おかげさまで」を使って、感謝の気持ちを伝える。

　　　 例 おかげさまで、無事に委員長の大役を果たすことができました。

問題

① いつも応援してくれる仲間の（　　）、やる気が出てきた。

　　a おかげに　　　　　　　b おかげで　　　　　　　c せいで

② （　　）おかげで、ここまでやって来られました。

　　a 先生の　　　　　　　 b 先生に　　　　　　　　c 先生を

第10章

〈原因・理由〉

119 〜ものだから／〜もので、〜もの／〜もん ●● （話）

意味 〜だから（言い訳、理由、謝罪の気持ち）

接続 N／A／ﾅA／V 普通形＋ものだから／もので／もの／（だって）〜もん

N な／ﾅA な＋ものだから／もので

例文
・すみません。急用ができたものですから、遅れました。
・忙しかったもので、期限までにレポートが書けませんでした。
・母：あまり食べ過ぎないでね。子：だって美味しいんだもん。

＊ ・事故に遭ったものですから、道が混んでいたものだから、家が狭いものだから

★ 「だって〜だもん」は女性、子供がよく使う。

★★ 「だって〜だもん」は話し言葉で、「だって」は「なぜなら」「なぜかというと」「どうしてかというと」という意味。

問題

① 最近ミュージカルに（ 　　 ）、毎日その歌ばかり聞いています。

　　 a ハマったもので 　　　 b ハマったものか 　　　 c ハマったものの

② 語学留学に行きたかった（ 　　 ）、無理してアルバイトをしました。

　　 a ことだから 　　　 b わけだから 　　　 c ものだから

120 〜により／〜によって、〜による ●● （硬）

意味 〜で（原因や根拠、場合、手段や方法）

接続 N ＋により／によって

N ＋による＋ N

例文 ・ヘイトスピーチは市の条例により、禁じられている。（＝市の条例に基づき、根拠）

・この講座はメールによる申し込みに限ります。（＝メールで、手段）

＊ ・話し合いにより、自己都合による退職、悪天候により、一身上の都合により退社する、資格を取ったことにより

★ 「〜により」は「〜によって」より硬い言い方

問題

① 外国人労働者を受け入れること（　　　）、人手不足は解決できる。

a にしたがって　　　　　b により　　　　　　　c につき

② あなたの（　　）ダイエットプランを変えます。

a 状況によって　　　　　b 状況につけて　　　　c 状況につき

〈原因・理由〉

121 ～ことだし ●● （話）

意味 とにかく～だから（軽い理由）

接続 Nの・Nである＋ことだし

ナＡな・ナＡである＋ことだし

A／V 普通形＋ことだし

例文 ・値段も安いことだし、2個注文しちゃおう。

・天気もいいことだし、ピクニックに行きましょう。

＊ ・試験も終わったことだし、もう終わったことだし、母もいないことだし、雨も止ん

だことだし

問題

① せっかく長い休暇が取れた（　　）、沖縄でも行きませんか。

　a ことだから　　　　　　b ことに　　　　　　c ことだし

② 孫が（　　）、スイカでも買っておこうかな。

　a 来ることで　　　　　b 来ることだし　　　　c 来ることか

こんきょ はんだん
〈根拠・判断〉

122　じょう じょう じょう うえ うえ
〜上／〜上は／〜上も、〜上では／〜上でも ●●●

意味　〜でみると（判断、根拠）、〜（目的）では

接続　N ＋ 上／上は／上も

　　　　N（する）の＋上では

　　　　V ＋上では／上でも

　　　　V た＋上で

例文　・理論上は分かっていても、気持ちとしてはついていけない。（＝理論では、根拠）
　　　　・港町を開発する上で、漁業従事者への補償問題は重要だと考えます。（＝開発する
　　　　ためには、目的）

✱　・計算上は／計算の上では（＝計算では）、書類上は／書類の上では、統計上は／統
　　　　計の上では、支援する上では

問題

① （　　　）上は間違ってないが、一般常識としてはどうでしょう。
　　a 法律　　　　　　　　b 習慣　　　　　　　　c 慣習
② 町の特徴を理解することは、新しい（　　　）、絶対必要なことです。
　　a 街づくり上で　　　b 街づくりの上から　　c 街づくりの上でも

〈根拠・判断〉

123　〜からして ●●●

意味　〜（代表的な一例）だけ見ても、〜だけでもそうだから他もそうだろう

接続　Ｎ＋からして

例文　・公務員なのに、服装からしてだらしない。態度は言うまでもない。

　　　　・あの子は目からして賢そうだね。

＊　・例示／判断の根拠：見た目からして、言葉遣いからして、態度からして、表情からして、タイトルからして、性格からして、外観からして

★　機能面から考えるとき、「〜からして」は例示とも判断とも取れるが場合が多い。

　　例　乱暴な話し方からして、あの子は家のしつけができていない。
　　　　（例示；例えば乱暴な話し方一つをみても、あの子は家のしつけができていない。）
　　　　（判断；乱暴な話し方をしているから、あの子は家のしつけができていない。）

問題

　　① 飼い主に愛されている犬は（　　）からしてわかる。

　　　　a 見かける　　　　　　b 見かけ　　　　　　c 見かけて

　　② 先生は話し方（　　）、学識が高いと感じられる。

　　　　a からして　　　　　　b わりに　　　　　　c からこそ

124 〜からすると／すれば、〜からいうと／いって ●●●

意味 〜から判断すると、〜の立場から言えば

接続 Nから+すると／すれば

Nから+いうと／いって

例文 ・病状からすると、この先長くないかもしれません。

・学生の立場からいうと、先生の説明は分かりにくい。

＊ ・彼の実力からすると、あの様子からすると、親の立場からいうと

問題

① 彼の表情（　　）、合格したに違いない。

　a からこそ　　　　　　　b からといって　　　　c からすると

② 見た目から（　　）、ビワに似ているので、いぬビワと名付けられたようだ。

　a みると　　　　　　　　b すれば　　　　　　　c みても

〈根拠・判断〉

125　〜にほかならない／〜からにほかならない ●● （硬）（書）

意味 〜以外のものではない（断定的な判断）

接続 N ＋にほかならない

A／ナA／V ＋からにほかならない

例文 ・優勝できたのは、彼女の努力の結果にほかならない。（＝努力の結果だ）

・彼があれだけみんなに愛されているのは、人柄がいいからにほかならない。

＊ ・あなたあっての成功にほかならない、頑張ったからにほかならない

問題

① この試合で負けたのは、ミスをおかした私の（　　）ならない。

　a せいにほか　　　　　b せいにばかり　　　　　c せいにだけ

② いつもあなたのことを気遣うのは、きっと愛しているから（　　）。

　a にすぎない　　　　　b に違いない　　　　　c にほかならない

126 〜ところを見ると 🔘

意味 〜ことから判断すると

接続 V ている＋ところを見ると

例文 ・笑っているところを見ると、満足しているに違いない。

・あの二人、同じ指輪をはめているところを見ると、カップルのようだね。

＊ ・何も言わないところを見ると、工事が進んでいるところを見ると

問題

① 傘をさしていない（　　）、雨が止んでいるようだ。

　　a ことを見ると　　　　　b ところを見ると　　　　　c ものを見ると

② しかめっ面をしているところを見ると、なにか（　　）ようです。

　　a 不満がある　　　　　　b 満足感がある　　　　　　c 幸運がある

こんきょ　はんだん
〈根拠・判断〉

127　すると ⬤▬

意味　①そのあとすぐに（きっかけ）

　　　　②そこから判断すると／ということは
　　　　　　　　　　はんだん

接続　（文章の後に）すると
　　　　ぶんしょう　あと

例文　・解熱剤を飲んだ。すると熱が下がった。
　　　　　げねつざい　の　　　　　　　　ねつ　さ

　　　　・A：結果の通知を見て落胆していました。
　　　　　　　けっか　つうち　み　らくたん

　　　　　B：すると、採用されなかったんですね。
　　　　　　　　　　　　さいよう

問題

① A：ニコニコしながら帰ってきました。B：すると（　　）んですね。
　　　　　　　　　　　　　　かえ

　　a スマイルした　　　　　b 失敗した　　　　　　c 成功した
　　　　　　　　　　　　　　しっぱい　　　　　　　　せいこう

② A：新しいパスポートを作りました。B：（　　）海外旅行に行けますね。
　　　　あたら　　　　　　　　　つく　　　　　　　　かいがいりょこう　い

　　a すると　　　　　　　　b それで　　　　　　　c そこから

～（か）と思うと／～（か）と思ったら ●●

意味 Aした後B（Bは驚くような意外な状況や行動、2つの出来事がほぼ同時に起こる）

接続 A／Vた＋かと思うと／思ったら

例文
・空港で私を見たかと思うと、いきなり抱きしめた。（＝空港で私を見た後）

・暑いと思ったら、また涼しくなったね。（＝暑いと思ったが）

★ 自分の行動には使えない。

★★ 後半に意志、命令、否定の文などは来ない。

問題

① もう涼しくなった（　　　）、今日はまた35度近い暑さで息をするのも苦しい。

   a かと思うも　　　　　　b かと思ったら　　　　　c かと思いつつ

② 彼女は浮気した彼の顔を（　　　）、いきなりビンタを食わした。

   a 見たとはいえ　　　　　b 見たばかりに　　　　　c 見たかと思ったら

〈根拠・判断〉

129 〜から見て（も）、〜から見ると／〜から見れば ⬤━━

意味 〜の考えでは（〜の立場、観点から判断）

接続 Ｎから＋見て（も）、見ると／見れば

例文 ・本音と建前の使い分けは、<u>外国人から見ると</u>、非常に分かりにくい。

・昔の人から見れば、今の世の中は複雑すぎるでしょう。

✳ ・親から見ると、病状から見て、会社から見て、先生から見れば、周りから見れば

★ 「親から見ると」（＝親からすると、親から言うと）

問題

① 結婚している娘の流産は、親（　　）もとても辛い出来事だった。

　　a から見て 　　　　　　b から見る 　　　　　　c から見た

② 母親の行き過ぎた愛情は子供から見ると（　　）というものだ。

　　a ありがたい 　　　　　b 迷惑 　　　　　　　c うれしい

130 ～通り（に）／～通りだ／～通りの ⬤━

意味 ～のと同じように

接続 Nの／V・Vた＋通り（に）／～通りだ／～通りのN

N＋どおり（に）／どおりだ／どおりのN

例文 ・専門家が警告した通り、土砂災害によって、多くの犠牲者が出てしまった。

・思い通りにはならないのが人生です。

＊ ・希望どおりの大学、アドバイスどおり、おっしゃる通り、期待通り、言われた通りの結果

問題

① 先ほども（　　）通り、社内研修会は秋に延期します。

  a 伝えるの　　　　　　　b お伝えする　　　　　　c お伝えした

② 運よく希望（　　）会社に就職できてほっとした。

  a 通りの　　　　　　　　b 通りで　　　　　　　　c 通りを

〈根拠・判断〉

131 ～まま（に）／～られるまま（に） ●

意味 ～とおりに

接続 V・V（ら）れる＋まま（に）

例文
・知り合いに勧められるままに、保険に加入した。
・足の向くままに1時間も歩いた。

★ 他人の行動や考え＋ままに＝その人に従って

例 先生に言われるままに練習したら、本当に発音が綺麗になった。

★★ 自分の行動や考え＋ままに＝その時の感情や自然な流れに従って

例 足が向くままに歩いていたら、気が付くと、彼女の家の前だった。

★★★ ある状態＋ままに＝そのままにしておいて

例 辛い料理を出されるままに食べていたら、辛すぎてお腹を壊してしまった。

問題

① 夕食後、気の向く（　　　）彼女と海辺を歩いた。

　a 通りに　　　　　　　b ままに　　　　　　　c ように

② 警察官に（　　　）ままに書類にサインした。

　a 言う　　　　　　　　b 聞く　　　　　　　　c 言われる

〈可能・不可能〉

132 〜かねる／〜かねない ●●● （硬）（一）

意味 〜できない、〜かもしれない（したら、悪い結果になる可能性がある）

接続 V-ます＋かねる（＝〜できない）

（Nなら／Vたら）＋V-ます＋かねない（＝〜かもしれない）

例文 ・個人的事情により来日できない場合は、当協会は責任を負いかねます。（＝責任を負えません）

・子供の人生を左右しかねないので、簡単には言えません。（＝左右するかもしれないので）

＊ ・「〜できない」：言いかねる、伝えかねる、わかりかねる

・「〜かもしれない」：深刻になりかねない、大事になりかねない、別れかねない

★ 前半に「〜れば、〜ないと、〜では、〜から」など、条件や原因となる内容が来ることが多い。

例 このように朝晩の冷え込みが激しいと、体の調子を崩しかねない。

問題

① 誤解を招く恐れがあるので、そのような質問には（　　　）。

　　a 答えます　　　　　　b 答えられます　　　　　c 答えかねます

② 14年ぶりに年間貿易収支が赤字に（　　　）という懸念が高まっている。

　　a なってかねない　　　b なりかねない　　　　c するかねない

第12章

〈可能・不可能〉

133　〜おそれがある ●●●（硬）（一）

意味　〜心配がある（一般的、客観的可能性がある）

接続　Nの／V＋おそれがある

例文
・公園内で他人に危険が及ぶおそれのある行為は禁止しています。
・台風で木が倒れるおそれがあります。

＊　・戦争になる恐れがある、津波の恐れ、ドミノ倒しになる恐れがある

★　ニュースや天気予報、注意書きなどで使われる。

★★　「恐れ」とも書く。

問題

① 投資信託は株価の変更や為替の変動等により、損失が生じる（　　　）があります。
　　a 恐れ　　　　　　　b 恐ろしさ　　　　　　c 恐れるの

②（　　　）のおそれのある植物の一覧が発表された。
　　a 絶対　　　　　　　b 絶句　　　　　　　　c 絶滅

134 ～がたい ●●○

意味 心情的に～のが難しい、～できない

接続 V-ます＋がたい

例文 ・それは忘れがたい出来事だった。

・信じがたい事件が世界の至る所で起きている。

＊ ・耐え難い、想像しがたい、受け入れがたい、得がたい、捨てがたい、許し難い、理解しがたい、近寄りがたい。

★ 上の例のように、心情を表す言葉など、ほぼ決まった言葉にしか使わない。

★★ 「能力的にできない」場合は使えない。

> **例** × このレンジは機能が複雑で、私には使いがたい。
>
> ○ このレンジは機能が複雑で、私には使いにくい。

★★★ 「難い」とも書く。

問題

① 彼の不審な言動はどうも（　　）。

  a 理解できる　　　　　　b 理解しがたい　　　　　　c 理解している

② ハリケーンの恐ろしさは、経験したことのない私には（　　）がたい

  a 想像し　　　　　　　　b 想像する　　　　　　　　c 想像の

第12章

〈可能・不可能〉

135　〜得る／〜得ない ●●●

意味 （状況的に）〜できる／できない（可能性がある／〜可能性がない）

接続 V-ます＋得る（＝可能性がある）

　　　　V-ます＋得ない（＝可能性がない）

例文
・瞬間移動ってあり得ると思う？
・太陽が西から昇るなんてあり得ない話です。

＊
・知りえる、考え得る、わかり得る、話しうる
・知りえない、起こりえない、止むを得ない

★ 肯定形は「あり得る」は「ありえる」、「ありうる」とも発音する。

否定形は「あり得ない」は、○「ありえない」

　　　　　　　　　　　　　×「ありうない」

★★ 例外的に「なりえる、なりうる」「起こりえる、起こりうる」も両方可能。

★★★ 能力的にできる場合は使えない。

　　　例　×「留学したので、英語が話し得る」
　　　　　　○「留学したので、英語が話せる」

★★★★「〜得る」「〜える」「〜うる」とも書く。

問題

① 子供時代に戻れるならそうしたいが、（　　）話だ。

　　a あり得る　　　　　　b ありそうな　　　　　　c あり得ない

② 世界一周の旅が夢だったが、今となっては（　　）得るだろうか。

　　a あり　　　　　　　　b ある　　　　　　　　　c あっての

136 ～ないことはない／～ないこともない ●●

意味 ～という可能性があるかもしれない、絶対に～とは言えない（断定を避ける言い方）

接続 Nで／Aく／(ナ)Aで／V・Vられ＋ない＋ことはない／こともない

例文
・マグロは<u>食べないことはない</u>が、あまり好きじゃない。（＝食べられるが）
・<u>美味しくないこともない</u>けど、カレーはうちのママの手作りが一番美味しい。（＝美味しいと言ってもいいが）

＊
・行けないことはないが、分からないこともないが（＝分からなくもないが）

問題

① 退職したい気持ちが分からない（　　）、少し休んでから決めたらどうですか。

　a ことだが　　　　　　b こともないが　　　　　c こともあるが

② 今日（　　）こともないけど、ちょっと用事が立て込んでいるので。

　a 会える　　　　　　　b 会いたい　　　　　　c 会えない

〈可能・不可能〉

137　〜っこない 🔊 （話）

意味　絶対に〜ない、〜はずがない（強い否定）

接続　V-ます＋っこない

例文
・私の頭では覚えられっこない。
・毎日8時間も寝ては、起業家になる夢はかないっこない。

＊　・わかりっこない、当たりっこない、間違えっこない、言いっこない、伝わりっこない

★　親しい間柄の人に対して使う。

★★　「見ます、来ます、寝ます」などのように、「ます」の前が一文字の動詞には使えない。

問題

① 金もないし、仕事もないから、当然結婚も（　　）。

　a できっこない　　　　　b できる　　　　　　c できている

② 内容がややこしくて、いくら説明を聞いてもわかりっこ（　　）です。

　a なりそう　　　　　　b なさそう　　　　　　c ありそう

138　～ものだ／～もんだ〈当然のこと、昔の習慣〉●●● (参照 180,186)

意味 ①一般的に見て～だ（当然）

②～べきだ（忠告・義務）

③昔の習慣

接続 Ａ／㋩Ａな／Ｖ・Ｖた＋ものだ／もんだ

Ａくない／㋩Ａじゃない／Ｖない＋ものだ／もんだ

例文 ・良薬は口に苦いものだ。

・体の不自由な人には席を譲るものだ。

・子供の頃、山でよく遊んだものだ。

・どんなに辛いことでも、時間が解決してくれるものだ。

＊ ・親の愛情は無条件的なものだ、犬はよく吠えるものだ、隣近所とは仲良くするものだ

★ 物事の本来の性質や傾向を表す。

★★ 話し言葉では「～もんだ」、否定形は「～ものではない」

問題

① 辛い思い出しかない中学校時代の同窓会には、行きたくない（　　）だ。

　　a こと　　　　　　　　b もの　　　　　　　　c まま

② YouTube で名演奏が聴けるなんて、本当にありがたい世の中に（　　）ものだ。

　　a なっての　　　　　　b なる　　　　　　　　c なった

〈評価・禁止〉

139　〜というものだ ●●●

意味　普通に（常識的に）考えれば〜だ（当然、断言する言い方）

接続　N／ナA／V ＋というものだ

例文
・学歴で人を差別するのは不公平というものだ。
・野生動物にやたらにエサをあげるのは、無責任というものだ。

＊　・隣の芝生は青く見えるというものだ、当たり前というものだ

★　普通、過去形は使えない。

★★　話し言葉では、「という」→「って」、「もの」→「もん」になる。

例　非常識というものだ。
　　　＝非常識ってものだ。
　　　＝非常識ってもんだ。
　　　＝非常識というもんだ。

問題

① 人に嫌いと言ったら、自分に返ってくるのが世の常（　　）。

　a というものだ　　　　b とのものだ　　　　c のものだ

②「親しき仲にも礼儀があり」で、どんな頼みでも聞いてもらえると考えるのは

　まちがいという（　　）だ。

　a こと　　　　b もの　　　　c はず

140 〜わりに（は）

意味 〜という基準から考えて（その程度が違う）

接続 $\boxed{\text{V／A}}$普通形＋わりに（は）

Nの／ナAな・ナAである＋わりに（は）

例文
・リーさんは海外の経験が長いわりには、そんなに英語ができません。

・この料理は手間がかからないわりには、とてもおいしい。

＊ ・安いわりに、風邪の割には、年齢のわりには、大変な割には、有名なわりに、勉強

したわりには

★ 「〜わりに」は「年齢、若い、値段、心配する」など、意味や程度の「幅がある言葉」

に付く。

★★ 「〜にしては」は、「具体的数字や内容」の言葉に付く。

例 ○ 彼女は年のわりには若いですね。
○ 彼女は60才にしては若いですね。
× 彼女は60才のわりには若いですね。

問題

① 年齢の（　　）、世の中のことを知らなさすぎる。

a せいには　　　　　　b 程度には　　　　　　c わりには

② 日本の生活が（　　）わりには、日本語がとても上手だ。

a 短い　　　　　　　　b 楽しい　　　　　　　c 長い

〈評価・禁止〉

141　〜まい／〜ではあるまいか　●● （硬）（書）

意味　〜ないだろう／〜ではないだろうか（否定の推量）

接続　Ｖ／Ｎではある／Ａくある／㋤Ａではある＋まい
　　　　Ｖ普通形／Ｎなの／㋤Ａなの＋ではあるまいか

例文　・このレポートは何度もチェックしたのだから、誤字はあるまい。

　　　　・こんなに意見が食い違っていたら、問題の解決は無理なのではあるまいか。

問題

① 宝くじが当たるなんて、夢では（　　　）。

　　a ないか　　　　　　　b あるまいか　　　　　　c ないまいか

② 彼のことを信じて話したのに、私の秘密を他の人に話してしまうなんて、もう彼と
　　話すことはある（　　　）。

　　a まい　　　　　　　　b ものだ　　　　　　　c つもりだ

142 ～まい（硬）／～（よ）うか～まいか 🔘🔘

意味 ～ないつもりだ（強い否定の意志）／～ようか～ないか（考えている、迷っている）

接続 V普通形＋まい

Vようか Vまいか（同じVを繰り返す）

例文 ・お腹を壊すから、辛すぎるものは食べまいと思った。（＝食べないつもりだ）

・本人に病気のことを告知しようかすまいか迷ったが、やめることにした。

✳ ・「するまい」は「すまい」も可能。

・絶対に行くまい、もう二度と会うまい、タバコを吸うまい、もう誘うまい、泣くまい

★ 意志を表す場合、「もう、二度と、絶対」などと一緒によく使われ、後半に「と思う、ことにする、考える」などの言葉が続く。

★★ 「（よ）うか～まいか」の場合は、「考える、迷う、悩む」などの言葉が続く。

問題

① 今回の事故を見て、バスツアーは二度と行くまい（　　）。

　　a そうだ　　　　　　　b だろう　　　　　　　c と思った

② 高校の同窓会に行こうか（　　）、まだ悩んでいる。

　　a 行こうまいか　　　　b 行くまいか　　　　　c 行くまいで

〈評価・禁止〉

143 〜てはならない／〜てはならぬ ●●

意味 〜てはいけない、〜べきではない（一般的ルールとしてしてはいけないことを言う）

接続 Ｖ＋ては＋ならない／ならぬ

例文
- 人の秘密を漏らしてはならない。
- この社会の理不尽さを決して忘れてはならない。
- プッチーニ作曲の歌劇「トゥーランドット」のアリア、「誰も寝てはならぬ」

＊ 飲酒運転をしてはならない、約束を破ってはならない、割り込みしてはならない

★ 禁止表現なので、目上の人には使えない。

問題

① 検診前日は、夕方８時以降ジュースなどを飲んでは（　　）。

  a ならない   b なります   c なってない

② 自分のミスを人のせいに（　　）ならない。

  a するのは   b しても   c しては

144 〜ねばならない ● （硬）

意味 〜なければならない、〜必要がある（社会的常識、個人的責任）

接続 V-ない＋ねば＋ならない／ならぬ

例文 ・9時に授業が始まるので、8時にはうちを出ねばならない。
・新しいワクチンを早く開発せねばならない。

✳ ・我慢せねばならない、出勤せねばならない、勉強せねばならない

★ 「しない」は「せねば」＋ならない／ならぬ

問題

① マンションの理事会の代表なら、住民全員の利益のために働か（　　）。

　　a せばならない　　　　　b ねばならない　　　　　c されればならない

② 信頼できる間柄だからこそ、マナーを守らねば（　　）。

　　a ならない　　　　　　　b いけない　　　　　　　c なる

〈評価・禁止〉

145 ～て（は）いられない／～てられない／～てばかりはいられない ●━━

意味 ～ことを続けられない、～できる状態ではない（時間的、精神的余裕がない）

接続 V ＋て（は）いられない／てられない

V ＋てばかりはいられない

例文 ・何時間もかけて作ったファイルが、突然消えた。もうやってられない。

・10年ぶりに息子が帰ってくるので、じっとしてはいられない。

＊ ・頼ってはいられない、言ってられない、遊んでちゃいられない、飲んでばかりはいられない

★ 話し言葉で「てちゃいられない」「てられない」のように、「は」、「い」を省略して使うことも多い。

★★ 「～てばかりもいられない」とも言うが、「も」は「は」と同じく強調の助詞。

問題

① ただ祈ってばかりは（　　）。何かしなくては。

　a ならない　　　　　b いけない　　　　　c いられない

② もう3回も確認のメールを出した。これ以上（　　）いられない。

　a 待っても　　　　　b 待っては　　　　　c 待ってて

146 ～とみえる／～とみえて ●

意味 （～という面からすると）～ようだ、～らしい（なにか理由・根拠から推量）

接続 N／A／ナA／V 普通形＋とみえる／とみえて

例文 ・映画にもなっていることから、空海は日本人に愛されているとみえる。
・彼女はお子さんがいなかったとみえて、死ぬ間際まで一人で暮らしていた。

★ 「～と、～とは、～なんて、～から」など、そう思った理由や根拠が前半、または後半に述べられる。

問題

① 修善寺の温泉ホテル桂川は予約が取りにくいので、人気が高いと（　　）。

　a みえる　　　　　　　b みる　　　　　　　c みせられる

② この仕事は彼には荷が重すぎる（　　）ようで、よく悩んでいる姿を見かける。

　a とみられる　　　　　b とみる　　　　　　c とみえる

〈評価・禁止〉
ひょう か　きん し

147　～だけ（のことは）ある ●●

意味 さすが～だから（理由の強調）、～には納得できる（ほめ称える）
　　　　　　　　　　　　　　　りゆう きょうちょう　　　　　　　　なっとく　　　　　たた

接続 Ｎな／Ａ／㊌Ａな＋だけ（のことは）ある
　　　　Ｖ普通形＋だけ（のことは）ある
　　　　　　ふ つうけい

例文
こんどう　　　　　き くば　　　　　　　ひとがら　　　　　　　　　　　　　　　　みな す
・近藤さんは気配りがよく人柄もとてもいい。やはり皆に好かれるだけのことはある。

　　　　　　　　　　　　　　　　　　　み　　　　　　　　　　　　　　　　 かんかく　　　　　　　　がいけん
・この youtuber のライブは見るだけのことはある。ユーモア感覚といい、外見とい
さいこう
い最高！

＊
けいけんしゃ　　　　　　　わか　　　　　　　　　　　 か しゅ め ざ
・経験者なだけあって、若いだけのことはある、歌手を目指すだけのことはある

★ 「さすが、やはり」などの言葉がいっしょによく使われる。
　　　　　　　　　　　　　　　　 こと ば　　　　　　　　　　つか

問題
かいせきりょうり　　　　　　　　　　　　　　　　　お い
① この会席料理は（　　）はある。とても美味しかった。
　　たか　　　　　　　　　　　　 たか　　　　　　　　　　　　　　たか
　 a 高かったこと　　　　　　b 高かっただけのこと　　　c 高かっただけに
　　　　　　　　　　　 じょうおう そう ぎ　　おおぜい ひと さんれつ　　　 こくみん
② エリザベス女王の葬儀は、大勢の人が参列した。国民に（　　）だけのことはある。
　 あい　　　　　　　　　　　 あい　　　　　　　　　　　　　いと
　 a 愛された　　　　　　　 b 愛した　　　　　　　　c 愛おしい

〈結果〉

148 〜きり ●●●

意味 〜したのを最後にずっと予想されることが起こっていない。

接続 V た＋きり

例文 ・フイさんは家を出たきり、二度と戻ってこなかった。
　　　　・「星の王子様」は子供の頃読んだきり、その後一度も読んでいない。

＊ ・それきり、別れたきり、行ったきり、寝たきり、食べたきり、任せっきり

★ 後半に否定形「〜ない」が来ることが多い。

★★ 強調するときは、「〜っきり」。

問題

① 20代の頃富士山の頂上まで（　　　）、40年があっという間に過ぎてしまった。

　a 登ってきり　　　　　　b 登るきり　　　　　　c 登ったきり

② 娘は日本へ留学したが、（　　　）戻ってこなかった。

　a そのきり　　　　　　　b それきり　　　　　　c それのきり

〈結果〉

149 ～末（に／の）●●○

意味 ～結果、（色々したが）最終的に

接続 Ｖた＋末（に）

N・Nーするの＋末（に）

N・Nーするの＋末の＋N

例文 ・血のにじむような努力の末に現在の彼女がある。

・ずいぶん悩んだ末に、彼とは別れることにした。

＊ ・試行錯誤の末に、説得の末、考えた末、話合った末に、戦いの末

★ 「末に」は結果の良し悪しに関係なく使うのに対して、「あげく」は悪い結果にのみ使う。

> **例** ○ ３度も試験を受けた末に、ついに実用英語検定試験１級に合格した。
>
> × ３度も試験を受けたあげく、ついに実用英語検定試験１級に合格した。

問題

① 警察は６時間に及ぶ（　　）、子供を誘拐した犯人を逮捕した。

   a 説得の末　　　　　　b 説得のあまり　　　　　　c 説得のあげく

② 母は何度も入退院を（　　）末、自宅で安らかに眠りました。

   a 繰り返す　　　　　　b 繰り返して　　　　　　c 繰り返した

150 ～ずじまいだ ●●

意味 ～ないで終わった、結局できなかった（残念、後悔の気持ち）

接続 V-ない＋ずじまいだ

する→せずじまい

例文 ・留学を夢見たが、突然父が亡くなり、実現せずじまいになってしまった。

・言うだけで、何もせずじまいだった。

＊ ・行けずじまい、言えずじまい、読まずじまい、告白せずじまい、仲直りせずじまい

★ 「ず」は否定、「じまい」は終わるという意味。

問題

① 両親の反対に屈して、愛し合う二人は結局（　　）でした。

　a 会えず終わる　　　　b 会えずじまい　　　　c 会えたいの

② 長年夢見た女優への道を、最後まで行動に（　　）じまいで諦めた。

　a 移す　　　　　　　b 移せず　　　　　　c 移さない

〈結果〉

151 〜ところだった ●●

意味 〜手前だった、（実際はなってないが）〜という結果になったかもしれない

接続 V ＋ところだった

例文 ・うっかり結婚記念日を忘れるところだった。

・人身事故のせいで、会社に遅刻するところだった。

＊ ・死ぬところだった

★ 前半に「〜たら、〜せいで、〜ので」など、状況の条件や理由を述べる。

★★ 後半に「危うく、もう少しで、うっかり」＋「ところだった」という形で続くことが多い。

問題

① 彼のあまりの優しさに、泣きそうになる（　　）だった。

　a とおり　　　　　　　b おそれ　　　　　　　c ところ

② 息子の声にそっくりだったので、危うくお金を（　　）ところだった。

　a 振り込む　　　　　　b もらう　　　　　　　c ためる

152 〜たところ ◖◗ （硬）

意味 〜してみたら（〜という結果だ／状況がわかった）

接続 V た＋ところ

例文 ・専門家のカウンセリングを受けたところ、パニック障害だとわかった。
・Ｚ世代にアンケートを取ってみたところ、子供を持ちたくない理由として、子育て
への不安が一番大きいという結果だった。

＊ ・結果通知を開けたところ、依頼をしたところ、報告したところ、見たところ、やっ
てみたところ

★ ニュースなどでよく使われる。

★★ 既に起こった事柄の結果や状況を伝えるので、話者の意志表現は来ない。

> **例** × 会議を重ねたところ、その企画は中止した。
> ○ 会議を重ねたところ、その企画は中止になった。

★★★ 試してみたと強調する場合、「〜てみたところ」の形を取ることが多い。

問題

① 統計を確認して（　　　）、日本が世界一長寿国であった。

　　a みてのところ　　　　b みるところ　　　　　c みたところ

② 先生に相談してみた（　　　）、希望の大学は厳しいということが分かった。

　　a ところ　　　　　　　b もので　　　　　　　c ことには

〈結果〉

153　〜あげく（に／の）　●（一）

意味　〜したが、最終的に（結局悪い、残念な結果となる）

接続　Nの／Vた＋あげく（に）

　　　　Nの＋あげくのN

例文　・強盗と1時間に及ぶ格闘のあげくに、刑事は大けがをした。

　　　　・いわれなき差別を受けたあげく、その人は死を選んでしまった。

＊　・連日の夜勤のあげく、散々悩んだあげく、頑張りすぎたあげく

★　「あげく」は、悪い結果に対して使うが、「結果」、「末に」は結果の良し悪しに関係なく使える。

> **例**　×　2度もトライしたあげく、N1試験に合格できた。
> 　　　○　2度もトライした結果、N1試験に合格できた。
> 　　　○　2度もトライした末に、N1試験に合格できた。

問題

　① いじめに悩んだ（　　）、学校をやめてしまった。

　　a あげく　　　　　　　b ところ　　　　　　　c わりに

　② 彼は（　　）を重ねたあげく、退学する羽目になった。

　　a 出張　　　　　　　　b 仕事　　　　　　　　c 留年

154 〜ことになっている 🔾

意味 〜が予定されている、〜が決まっている（規則、習慣、予定、決まり）

接続 Nという＋ことになっている

V・Vない＋ことになっている

例文 ・大学の卒業式は武道館で行われることになっている。

・日本語能力試験1級に合格すれば、<u>就職の道が開かれることになっている</u>。

＊ ・月末締め翌月10日に支払われることになっている、生ごみは火曜日に出すことに

なっている

問題

① 大学の卒業とともに、結婚式を（　　）なっている。

　a 挙げるわけに　　　　　b 挙げることに　　　　　c 挙げるものに

② 来年3月に現在執筆中の本が出版されることに（　　）。

　a 話している　　　　　　b 決めている　　　　　　c なっている

〈強調・軽重〉

155 〜さえ ●●● （一）

意味 〜（極端な例）もできない、〜ない（他も当然できない、驚きや呆れた気持ち）

接続 N＋（助詞）＋さえ

例文 ・日本に来て間もない頃は、ひらがなさえ読めなかった。（＝だから漢字やカタカナは勿論読めない）

・緊張のあまり、身動きさえできなかった。

＊ ・挨拶さえできない、カップラーメンさえ作れない、自分の名前さえ書けない

問題

① 母が亡くなった当時は、悲しみのあまり、（　　）出なかった。

  a 声さえ　　　　　　　b 声から　　　　　　　c 声ばかり

② 信頼していた友だちさえ私の話を聞いて（　　）。

  a もらえた　　　　　　b くれなかった　　　　c くれていた

156 ～さえ～ば／なら ●●●

意味 ～があるだけで、一つの条件<ruby>じょうけん</ruby>で十分<ruby>じゅうぶん</ruby>だ

接続 N＋（助詞<ruby>じょし</ruby>）＋さえ＋Ｖば／Ａければ

N＋（助詞<ruby>じょし</ruby>）＋さえ＋Ｎなら／㊅Ａなら

V-ます＋さえすれば

例文
・あなたさえいれば、これ以上<ruby>いじょう</ruby>何<ruby>なに</ruby>も望<ruby>のぞ</ruby>みません。（＝あなたがいるだけで）

・アメリカに行<ruby>い</ruby>きさえすれば、英語<ruby>えいご</ruby>はぺらぺらになれると思<ruby>おも</ruby>う。

・身分証明書<ruby>みぶんしょうめいしょ</ruby>はパスポートさえあれば大丈夫<ruby>だいじょうぶ</ruby>です。

＊
・お金<ruby>かね</ruby>さえあれば、絆<ruby>きずな</ruby>さえあれば、病院<ruby>びょういん</ruby>に行<ruby>い</ruby>きさえすれば、信<ruby>しん</ruby>じさえすれば、顔<ruby>かお</ruby>さえよければ、妻<ruby>つま</ruby>にさえ優<ruby>やさ</ruby>しければ、交通<ruby>こうつう</ruby>さえ便利<ruby>べんり</ruby>なら

問題

① 金<ruby>かね</ruby>と時間<ruby>じかん</ruby>とやる気<ruby>き</ruby>（　　　）、旅行<ruby>りょこう</ruby>だってなんだってできる。

　a まであれば　　　　　b もあれば　　　　　　c さえあれば

② 学習<ruby>がくしゅう</ruby>ボランティア教室<ruby>きょうしつ</ruby>を（　　　）さえすれば、子供<ruby>こども</ruby>は集<ruby>あつ</ruby>まってくると思<ruby>おも</ruby>います。

　a 開<ruby>ひら</ruby>き　　　　　　　b 開<ruby>ひら</ruby>く　　　　　　　c 開<ruby>ひら</ruby>いて

第13章

〈強調・軽重〉

157 〜すら ⬤━ （書）（一）

意味 〜（極端な例）もできない、〜ない（驚きや呆れた気持ち）

接続 N + （助詞）+すら

例文 ・悲しいことに、認知症の父は私の顔すら覚えていなかった。

・こんな簡単なことは、3才の子供ですらわかるよ。

＊ ・名前すら知らない、会うことすらできない、小学生ですら分かる、水すら飲めない

★ ・「〜でも」と言いたい時は、「〜ですら」になる。

問題

① 通訳クラスで教えている（　　）、このセミナーの同時通訳はできなかった。

　　a 学生ですら　　　　　　b 教授ですら　　　　　　c 事務員ですら

② お酒は一口すら（　　）。

　　a 飲みたい　　　　　b 飲める　　　　　　c 飲めない

158 ～てこそ 🔘🔘⚪

意味 ～てはじめて（わかるなど、良い結果を表す）

接続 Vて＋こそ

例文 ・社会人になってこそ、子供のためにがむしゃらに働く親の苦労がわかった。
・年老いた妻の介護をしてこそ、老老介護の大変さに気付いた。
（老老介護：65歳以上の人が介護者・要介護者となること）

★ 「こそ」は強調。

★★ 過去のことには使えない。

★★★ 後半に「わかる、知る、気付く、理解できる」など、プラスの意味や可能の言葉を使うことが多い。

問題

① ホームレスの生活を直に（　　　）、福祉の重要性がわかる。

  a 見てこそ　　　　　　　b 見るこそ　　　　　　　c 見たこそ

② 自分が教師に（　　　）、生徒に対する先生の気持ちがわかるものだ。

  a なるこそ　　　　　　　b なってこそ　　　　　　c なったこそ

きょうちょう　けいちょう
〈強調・軽重〉

159 ～からこそ／～ばこそ ●●

意味 ～から（理由や原因、目的を強調）
りゆう　げんいん　もくてき　きょうちょう

接続 N／A／ＮＡ／Ｖ 普通形＋からこそ
ふつうけい

Ａければ／Ｖば＋こそ

Nであれば／ＮＡであれば＋こそ

例文 ・愛しているからこそ、言いづらいことも敢えて言うんだ。
あい　　　　　　　　　　　　い　　　　　　　　　　　あ　　　い

・立山の美しさは行けばこそ、わかるものです。
たてやま　うつく　　い

＊ ・知らない人だからこそ、この時期だからこそ、克服したからこそ笑って言える
し　　　ひと　　　　　　　　　　じき　　　　　　　こくふく　　　　　　　わら　　い

・将来を考えればこそ、愛されればこそ、認められればこそ、愛情があればこそ
しょうらい　かんが　　　　　　あい　　　　　　　　みと　　　　　　　　あいじょう

問題

① 子供がかわいい（　　）、厳しくしつけるのです。
こども　　　　　　　　　　きび

　a からで 　　　　　b からで 　　　　　　c からこそ

② その国に（　　）こそ、その国の人々の良さがわかる。
くに　　　　　　　　　　　くに　ひとびと　よ

　a 行けば 　　　　　b 行って 　　　　　　c 行った
　い　　　　　　　　　　い　　　　　　　　　　い

160 ～まで／～までして、～てまで 🔵🔵

意味 ～（極端な例）までして、～するほど（…ない）（驚き・疑問・非難、意外性）

接続 N＋まで／までして

V て＋まで

例文 ・どんな遊園地でも、1時間以上も並んでまで行きたいとは思わない。

・いつも応援してくれた父まで、私の日本への留学に反対した。

＊ ・ニュースまでわかる、ドイツ語まで話せる、家族にまで秘密

・そこまでして、借金までして、喧嘩までして、嘘までついて

・犠牲にしてまで、徹夜してまで、辛い思いをしてまで、お金を払ってまで

問題

① 今の仕事を（　　）、新たな挑戦をするのですね。

  a 失ったまで　　　　　　b 失ってまで　　　　　　c 失うまで

② 3時間も（　　）買った商品がこれなの？

  a 並んだまで　　　　　　b 並ぶまで　　　　　　　c 並んでまで

〈強調・軽重〉

161 ～だけましだ

意味 ～からまだいい（良いとは言えないが、別の状況よりまだいい）

接続 A／ナA／V 普通形＋だけましだ

ナA な＋だけましだ

例文 ・給料は少ないが、働けるだけましだ。

・線路沿いのアパートでうるさいが、駅から近いだけましだ。

＊ ・日当たりがいいだけましだ、怪我がなかっただけましだ、雨が降らないだけましだ

★ 「～だけまだましだ」という強調の形もある。

例 食べられるだけまだましだ。

仕事があるだけまだましだ。

問題

① 色々生活は大変だろうけど、家賃が（　　）ましだ。

a かからないだけ　　b かからないばかり　　c かからないさえ

② 父の会社が不渡りを出して辛い思いをしたが、家族の仲がいいだけ（　　）。

a よかった　　b ましだ　　c うれしい

162 ～てでも ●

意味 （極端な手段）～を使ってでも、～する覚悟で（どうしても実現したい気持ち）

接続 Ｖて＋でも

例文 ・地震の影響で電車が止まっているが、3時間歩いてでも家に帰りたい。

・親が生きているうちに、どんなことをしてでも孫の顔を見せなければならない。

＊ ・無理をしてでも、何としてでも、仕事を休んででも

★ 後半は「～つもり、～したい、～なければならない」など、話者の強い意志や願望表現が来る。

問題

① この家を（　　）、あなたを絶対大学まで行かせるから。

　　a 売ってから　　　　　　b 売ってこそ　　　　　c 売ってでも

② ジェフリーさんは他人の論文を書き写してでも、（　　）なりたかった。

　　a 博士に　　　　　　　b 弁護士に　　　　　　c 介護士に

〈強調・軽重〉

163　〜ぐらい／〜くらい

意味　〜ほど（軽い程度、最低限の程度）

接続　N／A／㋤A／V＋ぐらい／くらい

例文　・少し文句を言われたくらいで、怒ることはないだろう。

　　　　・ファン同士が、ちょっとした審判のミスくらいで殴り合いになるなんて。

＊　・それぐらいのことで、ちょっとくらい歩いても、シャワーぐらい浴びたい、母親に

　　　　死なれて声も出ないくらい悲しかった。

★　名詞の後には「ぐらい」が付くことが多い。

問題

① ちょっと（　　）くらいでいらいらしないの！

　a ぶつかり　　　　　　b ぶつかった　　　　　　c ぶつける

②（　　）のことで、くよくよしないで！

　a それでのぐらい　　　b それのぐらい　　　　　c それぐらい

164 〜など／〜なんか／〜なんて ⬤━

意味 〜は大したことない／大切ではない、自信がない（例示、軽視・謙遜、驚き）

接続 N＋など／なんか
文＋など／なんか／なんて

例文
・あんたなんか、二度と会いたくないわ！
・都会になんか行かなければよかった。いいこと何もなかった。
・あの二人が結婚するなんて、思いもしなかった。

＊ ・すき焼きなんかいいね、死んでしまおうなんて

★ 相手のことに使うと「軽視」、
自分のことに使うと「謙遜」な表現になる。

例 彼が口約束したことなど、信じられない。
私なんか何の役にも立てないと思います。

★★ 「〜なんか／〜なんて」は話し言葉。

問題

① 唐揚げならともかく、（　　）なんか誰だって作れます。

　　a カップラーメン　　　　　b チャーハン　　　　　　c 肉じゃが

② こんなに辛いと分かっていたら、愛（　　）しなければよかった。

　　a ばかり　　　　　　　b など　　　　　　　　c だけ

〈強調・軽重〉

165　～として～ない ◯━◯（硬）

意味　～も決して～ない（強い否定）

接続　一＋助数詞＋として～ない

例文
・事業に失敗したせいで何一つとして残ってない。
・これまで一度として浮気したことがない。

※※　誰一人として、何一つとして、どれ一つとして

※　・一日として、一つとして、一枚として、1秒として、一時として、一瞬として、一本として

★　疑問詞「誰、何、どれ」の後に「一＋助数詞」が続く場合は、「として」が省略できる。

例　誰一人、お見舞いに来てくれなかった。
　　　どれ一つ、欲しくないものはない。

問題

① 私の言うことを（　　）信じてくれなかった。
　　a 誰一人も　　　　　　b 誰一人でも　　　　　c 誰一人として

② アルコールは、一口として（　　）。
　　a 飲めない　　　　　　b 飲める　　　　　　　c 飲んでみよう

〈主張・判断〉

166　〜ざるを得ない ●●●

意味 （仕方ないので、気が進まないが）〜しかない

接続 V-ない＋ざるを得ない

例文 ・色々あったが、この企画は最善を尽くしてやらざるを得ない。
・状況次第で、イベントの時期を変更せざるを得ないだろう。

＊ ・働かざるを得ない、従わざるを得ない、休まざるを得ない、勉強せざるを得ない

★ 例外として、「する」は「せざるを得ない」。「来る」は「来ざるを得ない」となる。

問題

① 6年間両親の介護をしてくれた妻にはお礼を（　　）を得ない。

　a 言う　　　　　　　　b 言わざる　　　　　　　c 言いたい

② 物心両面で支えてくださった皆様に感謝せざるを（　　）。

　a 得ません　　　　　　b 得ます　　　　　　　　c 得るのです

〈主張・判断〉

167　〜に決まっている ●●● （話）

意味　きっと／絶対に〜だと思う（確信を持った判断、主観）

接続　$\boxed{\text{N／A／㋤A／V}}$普通形＋に決まっている

N に／㋤A だに＋決まっている

例文
・台風で、イベントは中止になるに決まっている。

・そわそわしているのを見ると、グラスを割ったのは彼に決まっている。

＊
・嘘に決まっている、勝つに決まっている、楽しいに決まっている、来ないに決まっている

★　「〜に違いない／〜に相違ない」と同じ意味だが、「〜に決まっている」が一番柔らかい表現。

問題

① ファンの歓声からして、そのチームが勝利したに（　　）。
　a 決まる　　　　　　　b 決まっている　　　　c 決まった

② どんなことがあっても、親は子供を（　　）決まっている。
　a 愛しているが　　　　b 愛していると　　　　c 愛しているに

168 ～に違いない／～に相違ない ●●● （硬）（書）

意味 きっと～、絶対に～だと思う

接続 N／A／㋤A／V 普通形＋に違いない／に相違ない

N に／㋤A だに＋に違いない／に相違ない

例文
・この事件の被疑者は彼に相違ない。
・世界の各地で起こる山火事は環境破壊の影響に違いない。

＊
・ベトナム人に違いない、美しいに違いない、知っているに違いない
・犯人に相違ない、高いに相違ない、親切に相違ない、問題があるに相違ない

★ 「～に決まっている、～に違いない／～に相違ない」の中で、「～に相違ない」が最も硬い表現。

★★ 「普通形＋から＋に違いない／に相違ない」の使い方もある。

> **例** あれほど一生懸命頑張るのは、好きだからに違いない。

問題

① ナポリタンは横浜が発祥地（　　）。
　a で相違ない　　　　　b に相違ない　　　　　c と相違ない
② 人種差別はどの国でも起こりうること（　　）。
　a に違う　　　　　　　b に違わない　　　　　c に違いない

〈主張・判断〉

169 ～わけにもいかない ●●● （話）（参照 77 わけにはいかない）

意味 ①（理由があって）～ことはできない

②～のが当然だ／なければならない

接続 V・Vない・Vている・Vさせる＋わけには（も）いかない

例文 ・期末試験があるので、学校を休むわけにもいかない。（＝だから学校に行くのが当然だ）

・国民の義務だから、健康保険料を払わないわけにもいかない。（＝だから払うべきだ）

＊ ・けがをした人を、そのまま帰らせるわけにもいかない。（＝だから帰らせない）

・辞めるわけにもいかない、行かないわけにもいかない、ただ待っているわけにもいかない、飲ませるわけにもいかない

★ 前半に「～だから、～ので」など、理由や事情、状況などの説明が来る。

★★ 能力的にできないという意味では使わない。

★★★ 「～わけにもいかない」「～わけにはいかない」とも言う。「は」「も」どちらも強調の助詞。

問題

① BTSが日本に来るなら、見に行かない（　　　）いかない。

    a わけには   b ものには   c ことには

② 文法の本を書くことになり、より詳しいところまで調べて確認しない（　　　）。

    a いける   b いく   c いかない

170 〜にすぎない ●●●

意味 〜だけだ（大したことではない）

接続 N／A／ナA／V 普通形＋にすぎない

N／ナA である＋にすぎない

例文
・ベトナム語は単にあいさつができるにすぎない。

・「お新香」を「お線香」と言ったのは、単なる言い間違いにすぎない。

★ 「単に、あくまで（も）」の後に続く。

★★ 名詞の場合は、「単なる、ただの、ほんの」＋Nにすぎない」

★★★ 「〜に過ぎない」とも書く。

問題

① 単に英語検定3級に合格したに（　　）。

　a 過ぎる　　　　　　　b 過ぎない　　　　　　c 過ぎなかろう

② 海外旅行は中国に（　　）行ったにすぎない。

　a 一回　　　　　　　　b たくさん　　　　　　c 何度も

〈主張・判断〉

171 ～にほかならない ●●● （硬）（書）

意味 ～以外のものではない。まさに／絶対に／本当に～だ（強く断定）

接続 N ＋にほかならない

例文
・手術後にこうして復帰できたのは、会社の配慮があったからにほかならない。
・夫婦円満の秘訣は、互いに尊重し、共通の趣味を持つことにほかならない。

※ ・迷惑にほかならない、努力の賜物にほかならない

★ 「～からにほかならない」

例 恩師がはるばる遠くからいらしたのは、応援したいからにほかならない。
この企画がうまくいったのは、皆様のご協力があったからにほかならない。

問題

① 今日の私があるのも、久保田さんのおかげに（　　）ならない。

　a わけ　　　　　　　b ほか　　　　　　　c しか

② 今の成功の元は、あなたの努力に（　　）。

　a しかならない　　　b ならない　　　　　c ほかならない

172 ～しかない／～ほかない／～よりほかない ●●● (一)

意味 ～以外に選択肢がない（あきらめの気持ち）

接続 V ＋しかない／ほかない／～よりほかない

例文 ・飲み過ぎて終電を逃したから、歩いて帰るしかない。

・新型コロナウイルスの影響で不況が続き、店を閉めるほかなかった。

＊ ・諦めるしかない、辞めるしかない、捨てるほかない、頼むよりほかない

★ 「ほかない」は「しかない」より硬い言い方。

問題

① 家からの仕送りがなくなったので、アルバイトをする（　　）。

　a しかよりない　　　　　b しかない　　　　　c よりしかない

② 仕事で無理をし過ぎて病気になってしまい、医者から入院する（　　）と言われた。

　a よりほかない　　　　　b ほかよりない　　　　　c よりしかない

第14章

〈主張・判断〉

173　〜てしかたがない／〜てしょうがない ●●● (参照 191 てたまらない)

意味　とても〜だ、がまんできないぐらい〜だ

接続　a くて／(ナ) A で／V たくて＋しかたがない／しょうがない

例文
・その作家の講演会に行きたくてしかたがない。
・昨夜あまり寝てないから、眠くてしかたがない。
・ミサイル発射の記事を読むと、なんとなく不安でしょうがない。

＊　・暑くて／寒くて／気になって／お腹がすいて＋しょうがない

★　感情・欲求・感覚（かゆい、痛いなど）・困った状況を表す言葉によく付く。

★★　「〜てしかたがない」は会話で「〜てしかたない」「〜てしょうがない」という形になる。

　　　例　会いたくてしかたがない。
　　　　　＝会いたくてしかたない。
　　　　　＝会いたくてしょうがない。

問題

① パニック障害なので、ストレスを受けると息が（　　）たまらなくなる。

　　a 苦しくて　　　　　　　b 苦しいし　　　　　　　c 苦しくも

② 豪雨災害のあった地域に住むおばあちゃんのことが心配で（　　）ない。

　　a たまらない　　　　　b 仕方の　　　　　　　c しょうが

174 ～てならない／～でならない ●●●

意味 （気持ちが）とても～だ

接続 Ａくて／ナＡで／Ｖて＋ならない

例文
・PCR 検査の結果が気になってならない。
・脚本家の向田邦子さんがヘリ墜落事故で死亡したのは、残念でならない。

＊
・「気の毒／心配／かわいそう」＋でならない

・「気がして／思えて／思われて」＋ならない

★ 感情・感覚（かゆい、痛いなど）を表す言葉によく付く。

問題

① あの曲を聞くと、ハワイでの新婚旅行のことが思い出されて（　　）。

　a すぎない　　　　　　　b ならない　　　　　　　c いけない

② 不治の病にかかっているあの子のことが（　　）ならない。

　a 気の毒に　　　　　　b 気の毒て　　　　　　c 気の毒で

〈主張・判断〉

175　〜てかなわない 🔊 （硬）（一）

意味 とても〜て困る（困った状況）

接続 Ａくて／ナＡで＋かなわない

例文
・家が病院に近いので、救急車の音がうるさくてかなわない。

・スーパーやコンビニが家から遠いので、不便でかなわない。

✳ ・暑くてかなわない、狭くてかなわない、寒くてかなわない、面倒でかなわない

★ 気持ちを表す言葉には使わない。

> **例**　×悲しくてかなわない。

★★「見える、思える、気になる、思われる、感じられる」など、自然とその動作になることを表す言葉には使えない。

★★★ 話者の気持ちや感覚なので、他人のことには推量を表す「ようだ、らしい」などをつけて使う。

問題

① ストレス発散と思って、激辛ラーメンを頼んだら、辛くて（　　）。

　　a かなわない　　　　　b かなう　　　　　　c かないたい

② 地球温暖化による気温上昇で、今年の夏も（　　）かなわない。
　　a 暑くも　　　　　　b 暑くて　　　　　　c 暑いも

176 ～てみせる 🔵⬛

意味 ①がんばって～するつもりだ（覚悟、強い決意）
②具体的動作、手本をみせる

接続 Ｖて＋みせる

例文 ・弁護士試験に絶対合格してみせる。（＝絶対合格するぞ）
・この事件を年内に必ず解決してみせます。
・足の怪我はすっかり治ったと、歩いてみせた。

＊ ・決意：成功してみせる、勝ってみせる、優勝してみせる
・手本：歩いてみせる、手本をやってみせる、歌ってみせる、笑ってみせる

★ 決意の意味の場合は「今度こそ、絶対、必ず、いつか」などの言葉と一緒に使われる。

★★ 手本の意味の場合は「まず、一度、何か」などの言葉と一緒に使われる。

問題

① 悩んだ末、長年勤めていた出版社を辞めた。（　　）作家になってみせる。

　a すでに　　　　　　　b よくも　　　　　　　c ぜったい

② コーチは私たちにボールをけって（　　）。

　a みた　　　　　　b みられた　　　　　　c みせた

〈主張・判断〉

177　～ないではいられない／～ずにはいられない ●●●

意味　～ことをやめられない、どうしても～てしまう

接続　V ない＋ではいられない

V ない＋ずにはいられない

例文　・キャンパスツアーの後、その大学に進学しないではいられないと思った。

・あの可愛い孫の顔を見たら、笑わずにはいられない。

＊　・面白くて読まないではいられない、見ないではいられない、確かめないではいられ

ない

・言わずにはいられない、感動せずにはいられない、悲しくて泣かずにはいられない

★　身体的に我慢できない場合や、ある状況の中で「～したい」気持ちを意志の力で抑え

られない時に使う。

★★　「～ずにはいられない」は「～ないではいられない」より硬い言い方

★★★　する→せずにはいられない、しないではいられない

問題

① 海外でJICAの活動をしている弟を（　　）はいられない。

　a 応援せず　　　　　　b 応援しない　　　　　　c 応援せずに

② 思い出深いハロン湾をまた訪れないでは（　　）。

　a いられる　　　　　　b いられない　　　　　　c いかない

178 ～ないわけに（は／も）いかない ●●● （話）

意味 ～しなければならない（義務、必要がある）

接続 Ｖない＋わけに（は／も）いかない

例文
・いつも面倒を見てくれる先輩が入院したので、お見舞いに行かないわけにはいかない。（＝お見舞いに行く、行かなければならない）
・お世話になった方の葬儀だから、参列しないわけにもいかない。（＝出席する）
・健康診断で引っかかったから、精密検査をしないわけにはいかない。（＝精密検査をする、精密調査をしなければならない）

★ 前半に「～だから、～ても」など、理由や事情、状況などの説明が来る。

★★ 状況の流れに従わざるを得ないという、あきらめの気持ちがある。

問題

① 同僚が初めて出産したので、お祝いに（　　）わけにはいかない。

　　a 行かない　　　　　　　b 行く　　　　　　　　c 行けない

② 今度で３回目の挑戦だ。今度こそ合格しない（　　）いかない。

　　a わけでも　　　　　　　b わけにも　　　　　　c わけには

〈主張・判断〉

179　〜に越したことはない ●●

意味　常識的に考えて〜の方がいい／安全である

接続　N ／ A ／ ㋡A ／ V ＋に越したことはない

　　　　N である／㋡A である＋に越したことはない

例文　・秋の旅なら、紅葉狩りツアーを中心に探すに越したことはない。

　　　　・温泉旅行に行くなら、料理が美味しい所に行くに越したことはない。

＊　・健康であるに越したことはない、早いに越したことはない、それに越したことはない

問題

① 香嵐渓へ行くなら、紅葉の時期（　　　）ことはない。

　a に越える　　　　　　　b に越した　　　　　　　c に越えた

② 選手にとっては、ファンからの熱情的な応援があるに越した（　　　）。

　a ことはない　　　　　　b ことがいい　　　　　　c ことはある

文型番号・文型	違い	気持ち
166 〜ざるを得ない	選択の余地がない	状況的にいやだが、仕方なくする必要がある
178 〜ないわけにはいかない	選択の余地がある	心理的にする必要がある

	「〜しなければならない」と置き換え可能な場合 ○　親戚だから、父の死を知らせないわけにはいかない。（義務） ○　親戚だから、父の死を知らせざるを得ない。（いやだが、仕方なく） ある目的のために；置き換え不可能 ○　生きるためには、食べないわけにはいかない。（必要） ×　生きるためには、食べざるを得ない。 ある状況のなかで仕方ない；置き換え不可能 ×　こんな大雨では、キャンプはあきらめないわけにはいかない。 ○　こんな大雨では、キャンプはあきらめざるを得ない。 ×　コロナ禍の中、閉店しないわけにはいかない。 ○　コロナ禍の中、閉店せざるを得なかった。（仕方なく）

例

第14章

〈提案・意志・アドバイス〉

180 〜ものだ／〜ものではない 〈アドバイス〉 ●●● (参照 138, 186)

意味 ①当然〜する

②〜べきだ（社会的常識）

③〜てはいけない（当然、忠告、義務）

接続 V・Vない＋ものだ

V＋ものではない

例文 ・歩き過ぎたら、疲れるものです。（＝当然疲れる）

・大勢の人の前で発表すると、緊張するものです。（＝当然緊張します）

・人を外見で判断するものではない。（＝判断すべきではない、判断してはいけない）

・人にお金を借りたら、必ず返すものだ。（＝返さなければならない）

＊ ・誰でも残業は嫌なものだ、緊急の時は慌てるものだ

・悪口を言うものではない、むやみに買うものじゃない

★ 物事の本来の性質や傾向、本来そうだと思われることを表す。

★★ 「V＋ものではない」は「〜べきではない」という意味でアドバイスの時によく使われる。

★★★ 「もんだ」は話し言葉

問題

① 人前で、その人のプライバシーを暴く（　　　）。

　a ものだ　　　　　　b ものはない　　　　　c ものではない

② 夜一人で暗い道を（　　　）ではない。

　a 歩くこと　　　　　b 歩くもの　　　　　　c 歩くわけ

181 ～べきだ／～べきではない ●●●

意味 ～しなければならない、～した方がいい（常識）／～してはいけない（忠告）

接続 V ＋べきだ／べきではない

V ＋べき／べきではない＋ N

例文 ・市長は市民の忠告に耳を傾けるべきだ。

・陰で人の悪口を言うべきではない。（＝言ってはいけない）

＊ ・率先して取り組むべきだ、口を慎むべきだ、約束は守るべきだ、他言すべきではない

★ 「常識として当然だ」という意味の場合、「～しなければならない」と入れ替えできる。

例 ○ 人に迷惑を掛けたら、謝るべきだ。
○ 人に迷惑を掛けたら、謝らなければならない。

★★ 「規則などで決まっている」ことには「～しなければならない」を使う。

例 × 医師になるには、医師の免許を取るべきだ。
○ 医師になるには、医師の免許を取らなければならない。（規則や義務）

★★★ 「～べきだった」「～べきではなかった」は、過去のことへの後悔の気持ちを表す。

例 彼女に本当の気持ちを伝えるべきだった。（＝伝えなかったのを後悔している）

問題

① 今回の事件で映像を違法に流したことについて、正面から（　　）です。

a 向き合うべき　　　　b 向き合うもの　　　　c 向き合うこと

② 政治家は国民の幸せを追求することを第一の（　　）べきです。

a 使命する　　　　b 使命とする　　　　c 使命とした

〈提案・意志・アドバイス〉

182　〜ことはない 🔘🔘

意味　〜する必要はない、〜しなくてもいい

接続　V ＋ことはない

例文　・前もって話してあるから、訪ねる際、<u>電話することはないです。</u>（＝電話する必要がない）

　　　　・いつも文句を言う人だから、<u>それは気にすることはないです。</u>（＝だから安心して）

＊　・怖がることはない、謝ることはない、緊張することはない、急ぐことはない

★　人にアドバイスしたり、安心させたりする時に使う。

★★　相手を非難する時にも使える。

　　例　それくらいのことで、そんなに怒ることはないでしょう！

問題

① はじめての一人旅だったが、（　　）はなかった。楽しいばかりで。

　　a 心配したこと　　　　b 心配のこと　　　　c 心配すること

② 申し込みをするために来る（　　）ありません。メールで申し込めます。

　　a ことは　　　　　　　b ことが　　　　　　c ことにも

183 ～ではないか／～（よ）うではないか 🔵🔵 (硬)

意味 ①～ましょう（強いよびかけ、挑発）

②～するぞ（強い意志）

接続 Vよう＋ではないか

例文 ・成功したのだから、ぱっと飲もうではないか。（＝飲もう）

・みんながだめなら、ぼくが解決しようではないか。（＝解決するぞ）

✳ ・考えようではないか、聞こうじゃないか、見せてもらおうではないか

★ 少し丁寧な言い方は「～ようではありませんか」

★★ 「～じゃないか」「～ようじゃないか」は話し言葉。

★★★ 普通に誘う時は「～ましょう」「～ませんか」

問題

① 最後までみんなで（　　）ではないか。

　a 頑張る　　　　　　b 頑張ろう　　　　　c 頑張りたい

② 不満があるなら、腹を割って話そう（　　）。

　a でもないか　　　b ではないよ　　　c ではないか

〈提案・意志・アドバイス〉

184 〜ことだ〈忠告・アドバイス〉 ◯

意味 〜が大切だ、〜方がいい（アドバイス、忠告）

接続 V・Vない＋ことだ

例文 ・痩せたければ、運動と食事制限をすることだ。

　　　・分からないことがあれば、遠慮せず先輩に聞くことだ。

＊ ・毎日勉強することだ、休むことだ、食べ過ぎないことだ、やめることだ

★ アドバイスとして使うので、目上の人には使わない。

★★ 「ことだ」は個人の判断に基づいた忠告を表し、

　　「〜べきだ」「〜なければならない」よりもやわらかく遠まわしな表現。

★★★ 「ものだ」は誰が見ても正しいと思われる常識的、客観的に決まっていることに使う。

　　例 ○ 歌手になりたいなら、もっと歌の練習をすることだ。（個人的な忠告）
　　　　 ○ 病院では走らないものだ。（当然そうであるべき）

　　例 ○ 家族でいい思い出を作りたいなら、天気のいい日に行くことだ。
　　　　 × 家族でいい思い出を作りたいなら、天気のいい日に行くものだ。（決まっ
　　　　　 てないことだから）

問題

① 友だちの話には、誠意をもって耳を（　　）ことだ。

　a 傾ける　　　　　　　b 聞く　　　　　　　c 傾く

② 成功したければ、人一倍努力する（　　）。

　a わけだ　　　　　　　b ことだ　　　　　　c ばかりだ

〈感想・願望・推量など〉

185 　〜ことに ●●●

意味　〜ことですが

接続　Ａ／㋩Ａな／Ｖた＋ことに

例文
・驚いたことに、高校生が自転車で日本一周をしている。

・うれしいことに、友だちが誕生パーティーを開いてくれた。

＊　・残念なことに、申し訳ないことに、おもしろいことに、情けないことに、悲しいことに、困ったことに、悔しいことに、残念なことに

★　後半は「現実に起こっていることや終わったこと」などが続き、意志を表す文は来ない。

★★　「驚いた」「うれしい」などの気持ちを強調するために前に提示する。

問題

① （　　　）ことに、また携帯をトイレの中に落としてしまった。

　　a 間抜けに　　　　　　　b 間抜けだ　　　　　　　c 間抜けな

② ありがたい（　　　）、年老いた母は田舎で元気に暮らしています。

　　a ことに　　　　　　　　b ことにも　　　　　　　c ことでも

〈感想・願望・推量など〉

186　〜ものだ〈感心する・あきれるなど気持ちの強調〉●●●（参照 138, 180）

意味 ①〜していた（過去の習慣が懐かしい）
②感心する、あきれる

接続 V た＋ものだ（習慣）

V／A／＋A な＋ものだ（感心、当然）

例文・小さい頃、川辺でよく蛍を捕ったものだ。（＝よく蛍を捕っていた）
・来日して 30 年、時間の流れは早いものだ。（＝本当に早いな）

＊・人の気持ちは分からないものだ、是非見習いたいものだ、嬉しいものだ

★ 話し言葉では「〜もんだ」

問題

① 大学生の頃はクラスメートとコンサートによく（　　）ものだ。

　a 行く　　　　　　　b 行った　　　　　　c 行っていい

② また駐車違反をしたの？　あきれた（　　）。

　a わけだ　　　　　　b ことだ　　　　　　c ものだ

187 〜ないもの（だろう）か ●●●

意味 なんとかしてほしい、〜ということになってほしい

接続 V ない・V れない＋もの（だろう）か

例文 ・最近勧誘電話が多すぎて困っている。どうにかならないものか。（＝どうにかしたい）
・保育園で子供が熱を出しました。なんとか母親に来てもらえないものか。（＝来てほしい）

問題

① 話題の映画やドラマが見放題の Netflix に早く加入できない（　　）。

　a ものか　　　　　　　b ものだ　　　　　　c ものではない

② もう3回目のトライ、何とか行政書士試験に合格（　　）ものだろうか。

　a する　　　　　　　　b できる　　　　　　c できない

〈感想・願望・推量など〉

188　〜たいものだ ●●●

意味　「〜たい」の強調（強い願望）

接続　V たい＋ものだ

例文　・今度こそチームで優勝したいものだ。
　　　　・早く誕生パーティーを開きたいものだ。

問題

① 一日も早く帰国してわが子に（　　）ものだ。
　　a 会う　　　　　　　　b 会える　　　　　　　c 会いたい

② NHK 大河ドラマ「鎌倉殿の 13 人」は是非とも（　　）ものだ。
　　a 見ての　　　　　　　b 見たい　　　　　　　c 見ない

189 ～てほしいものだ ●●●

意味 「～てほしい」の強調（強くそう感じる）

接続 Ｖて・Ｖないで＋ほしいものだ

例文 ・息子には希望の会社に就職してほしいものだ。
・早く期末テストが終わってほしいものだ。

問題

① 色々揉め事はあったが、孫には会わせて（　　）ものだ。

　　a みたい　　　　　　　　b みる　　　　　　　　c ほしい

② どんなことがあっても、（　　）ほしいものだ。

　　a 諦めないて　　　　　　b 諦めないで　　　　　　c 諦めなく

〈感想・願望・推量など〉

190　〜ものがある　◖◗

意味　〜という感じがする

接続　Ａ／㋥Ａな／Ｖ＋ものがある

例文
・彼の率直な語りには胸を打つものがある。
・訴えるような彼の歌声には心に響くものがある。

★　「すばらしい、つらい、嬉しい、残念だ、感動させる、目を見張る、納得できる」など、気持ちを表す言葉に付く。

問題

① 彼の話には、聞く人の心を（　　）がある。

　　a 引きつけるわけ　　　　b 引きつけること　　　　c 引きつけるもの

②「目に入れても痛くない」と言うが、息子が生まれて（　　）ものがある。

　　a 祝う　　　　　　　　　b 実感する　　　　　　　c 嬉しい

191 ～てたまらない ●●● (参照 173 てしかたがない／てしょうがない)

意味 とても～だ、がまんできないぐらい～だ

接続 Aくて／ＮＡで／Ｖたくて＋たまらない

例文
・家が小学校の隣だから、運動会の日はうるさくてたまらない。
・会社までの通勤時間が2時間もかかり、不便でたまらない。

＊
・暑くてたまらない、面倒でたまらない、寂しくてたまらない、辛くてたまらない
・好きで／ふしぎで＋たまらない
・彼女に会いたくてたまらない

★ 自分の感情・感覚を強く表すときに使い、「～てしかたがない」とも言える場合が多い。

例 コロナが続き、この先どうなるか不安でたまらない。
コロナが続き、この先どうなるか不安でしょうがない。
コロナが続き、この先どうなるか不安でしかたがない。

★★ 「今この瞬間」「うれしい、おいしい、最高」という気持ちの場合は、「～てしょうがない」は不自然。

例 ○ 仕事帰りのビールの一杯、たまらないね。
× 仕事帰りのビールの一杯、しょうがないね。

問題
① 今日2万歩も歩いたので、足が重くて（　　）。

　a たまらない　　　　　b たまるない　　　　　　c たまっている

② 会社の同僚とキャンプに行ったが、夜（　　）たまらなかった。

　a 寒く　　　　　　　　b 寒いし　　　　　　　　c 寒くて

〈感想・願望・推量など〉

192　〜て当然だ／〜て当たり前だ ⬤▬▬

意味　誰が考えても普通は〜だ

接続　Ａくて／㋨Ａで／Ｖて＋当然だ／当たり前だ

例文　・他人なのにあれだけ世話してきたから、感謝の気持ちがあって当然だ。
・車内で暴力をふるう者が逮捕されて当然だ。

＊　・梅雨だから雨が降って当然だ。

★　前半に理由や状況説明を表す「〜だから、〜ので」などがよく来る。

問題

① 子供の時から牛乳をたくさん飲んでいたから、背が（　　）当然だ。

　　a 高いも　　　　　　　b 高くて　　　　　　　c 高く

② アメリカで生まれたのだから、英語が上手で（　　）。

　　a 当たり前だ　　　　　b 当たりだ　　　　　　c いいのだ

～のも（は）もっともだ／～のも（は）もっともな 🔊

意味 普通は～だ（もっとも＝当然／当たり前、納得）

接続 A ／ﾅA な／ V ＋のも（は）＋もっともだ

A ／ﾅA な／ V ＋のも（は）＋もっともなN

例文 ・愛娘を亡くして、父親が悲しむのはもっともだ。

・彼の詐欺行為を知って、怒るのももっともな話だ。

★ ～するのは当然だと、納得する様子を表す。

問題

① パパと一緒に作ったケーキだから、おいしいのも（　　）。

　　a もっとたべる　　　　　b もっとだ　　　　　　c もっともだ

② イギリスに留学したのだから、英語が上手（　　）のはもっともだ。

　　a になる　　　　　　　　b なのに　　　　　　　c だのに

〈感想・願望・推量など〉

194 〜も同然だ ⚫️━

意味 実際はそうではないが、ほとんど〜だ（同じような状況だ）

接続 N ＋（も）同然だ

Ｖた・Ｖない＋も同然だ

例文 ・彼らは家族同然の暮らしをしてきた。

・あなたに会えないなんて、死んだも同然です。

＊ ・「ただ同然」＝値段がすごく安い

> **例** りんごが1つ10円なんて、ただ同然だ。

・兄弟も同然、新品も同然のもの、合格したも同然、もう終わったも同然、知らない
も同然

★ 前半に理由や原因を表し、後半に自然な結果、当然の結果になることを表す。

★★ 主観的判断が含まれる。

問題

① 父はいつも仕事ばかりで、（　　　）同然でした。

　a いないも　　　　　　　b いないと　　　　　　　c いないの

② ボランティアとして訪れた災害地である仙台の民宿代は（　　　）だった。
　a ただ同様　　　　　　　b ただ同じ　　　　　　　c ただ同然

195　〜ことだ〈気持ち〉 ⬤━━

意味　本当に〜だ（驚き、感動、皮肉）

接続　A ／ ㋤な＋ことだ

例文　・諦めたくなる時もあったが、みんなに支えられた。ありがたいことだ。

　　　　・本当に困ったことだ。いくら説明してもわかってもらえない。

★　困るは動詞だが、形容詞のように、困っている様子や状況を表すことから、「困ったこと」のように使える。

問題

① 保険詐欺が多発して、とても残念な（　　　）。

　a はずだ　　　　　　　　b ことだ　　　　　　　　c べきだ

② 　海辺で見る日の出は本当に美しいこと。見るたび（　　　）。

　a 感動する　　　　　　b 美しい　　　　　　　　c 見たい

〈感想・願望・推量など〉

196 ～ことだろう／～ことか ⬤━ （書）

意味 ～だろうか（非常に多く～する、非常に～と感じる）

接続 疑問詞＋ A／V 普通形＋ことだろう／ことか

疑問詞＋Ｎである／ナＡな・ナＡである＋ことだろう／ことか

例文
・日本人並みに話せるようになるまで、いったい何年かかったことだろう。
・王さんは創意力も豊かで、どんなに優等生であることか。

★ 疑問詞「なんと、なんて、どれほど、どれだけ、どんなに」などとよく使われる。

★★ 「ことか」は書き言葉、「ことだろう」「ことでしょう」は話し言葉。

問題

① 私があなたをどれだけ愛している（　　）、あなたは知らないでしょう。

　　a ことに　　　　　　　b ことは　　　　　　　c ことか

② 大学の卒業旅行で行ったベトナムは（　　）楽しかったことか。

　　a いくら　　　　　　　b どんなに　　　　　　c なにか

197 〜甲斐（がい）

意味 〜しただけの価値、効果が得られる様子

接続 V-ます＋甲斐（がい）

例文
・やりがいのある仕事が見つかるといいのですが。
・生きがいを感じる瞬間って、どういう時ですか。

★「甲斐」は本来「かい」と読むが、「V-ます＋甲斐」の時は「がい」と読む。

問題

① どんなに仕事をがんばっても、給料は変わらないので、（　　）がありません。
　a 頑張りかい　　　　　　b 頑張りかち　　　　　　c 頑張りがい

② みんながおいしく食べてくれるので、料理の（　　）がある。
　a しがい　　　　　　　　b かい　　　　　　　　　c しかい

〈感想・願望・推量など〉

198 ～甲斐（が）あって／～甲斐（も）なく ⬤▬

意味 ～の効果があって／～の効果もなく

接続 Nの＋甲斐（が）あって／甲斐（も）なく

V・Vた甲斐（が）あって／甲斐（も）なく

例文 ・努力の甲斐があって、希望の会社に入ることができた。

・結婚10年目にしてやっと子供ができた。待ったかいがあったね。

＊ ・説得の甲斐があって、勉強の甲斐があって、教える甲斐もなく、練習した甲斐が

あって

★ 「～かい」とも書く。

問題

① 頑張って練習した（　　）、予選で落ちてしまった。

　　a 甲斐があって　　　　　b 甲斐もなく　　　　　c 甲斐はなく

②（　　）かいもなく、猫は死んでしまった。

　　a 手術した　　　　　　b 手術　　　　　　　c 手術する

199 　～を込めて／～を込めた ●

意味　～をもって

接続　N ＋を込めて

　　　　N ＋を込めた＋ N

例文　・永遠に変わらぬ愛をこめて、あなたにこの指輪を送ります。
　　　　・怪談には長年の恨みをこめて、相手に復讐する話が多い。

＊　・愛を込めて、思いを込めて、心を込めて、親しみを込めて、願いを込めて、恨みを込めて

★　気持ちを表す言葉によく付く。

★★　「～をこめて」とも書く。

問題

① 今までの感謝の気持ちを（　　　）、姉に旅行券をプレゼントした。

　　a いれて　　　　　　　　b かけて　　　　　　　　c こめて

②（　　　）ご供養が必要です。

　　a 心を込めて　　　　　　b 心を込めた　　　　　　c 心を込める

〈感想・願望・推量など〉

200 ～を頼りに（して）／～を頼りとして ●━━

意味 ～に助けられて

接続 N＋を頼りに（して）／を頼りとして

例文 ・いつまでも親を頼りにしてはいけません。いい加減自立しなさい！

・はじめて暮らす外国だったので、遠い親戚を頼りに留学生活を送った。

問題

① 濃厚接触者になってしまい、市からの支援品を頼りになんとか（　　）いる。

　　a 命につづいて　　　　　b 命とつながって　　　　c 命をつないで

② 彼らは暴風雨の中、羅針盤（　　）航海を続けた。

　　a を頼りにして　　　　　b を頼りで　　　　　　　c の頼りに

まとめの問題

第1回 ··

次の文の（　　）に入れるものに最もよいものを、1・2・3・4から一つ選びなさい。

---

1 │ お帰り（　　）、テーブルの札をレジまでお持ちください。

1 の際して　　　　　2 の際は　　　　　3 に際は　　　　　4 に際でも

---

2 │ 地図（　　）ご来店ください。

1 にあって　　　　　2 にすれば　　　　3 に沿って　　　　4 に違いなく

---

3 │ 与党（　　）野党の一部も含めて、この団体の集会に出席していた。

1 を中心に　　　　　2 に中心から　　　3 の中心にして　　4 の中心に

---

4 │ 日本は四季（　　）大勢の観光客が訪れる観光大国である。

1 を込めて　　　　　2 を頼りに　　　　3 を限り　　　　　4 を通じて

---

5 │ この分野で成功するかどうかは本人（　　）。

1 次第だ　　　　　　2 限りだ　　　　　3 抜きだ　　　　　4 ところだ

---

6 │ 今回の事件のことをきっかけに、宗教献金活動法を規制す（　　）だ

1 わけ　　　　　　　2 もの　　　　　　3 こと　　　　　　4 べき

---

7 │ 夜勤続きで体が重いが、今日も会社に（　　）を得ない。

1 出勤する　　　　　2 出勤したい　　　3 出勤せざる　　　4 出勤せず

---

8 │ 財政ビジョン（　　）市政運営が行われます。

1 に基づいた　　　　2 の基づいた　　　3 で基づく　　　　4 で基づいた

---

9 │ 本日は夏季休業（　　）、お休みさせていただきます。

1 について　　　　　2 につき　　　　　3 に対して　　　　4 につけて

---

10 │ 若い時は、試験の前によく徹夜をした（　　）。

1 ことだ　　　　　　2 わけだ　　　　　3 べきだ　　　　　4 ものだ

第2回

次の文の（　　）に入れるものに最もよいものを、1・2・3・4から一つ選びなさい。

1　専門家と相談し（　　）、この問題を解決していきたいと思います。

1 ても　　　　　　　2 つつ　　　　　　　3 ては　　　　　　　4 ながらも

2　DNA鑑定の結果が一致した（　　）、彼は犯人に間違いないでしょう。

1 ことに　　　　　　2 限りは　　　　　　3 次第で　　　　　　4 とすると

3　ネイティブスピーカー（　　）、英語の発音がきれいとは言えない。

1 ながらも　　　　　2 であるものの　　　3 も同然で　　　　　4 らしく

4　サッカーの優勝候補と言われた（　　）、予選で落ちてしまった。

1 もかかわらず　　　2 にもかかわり　　　3 にもかかわらず　4 せいか

5　あなたの実力（　　）、成功するに違いない。

1 からには　　　　　2 からすると　　　　3 といったら　　　　4 とは

6　駅のホームドア設置（　　）、停止位置が変更となります。

1 に伴い　　　　　　2 により　　　　　　3 にしては　　　　　4 にもかかわらず

7　チョウがトレードマークのデザイナーは彼女に（　　）いる。

1 分かって　　　　　2 知って　　　　　　3 決まって　　　　　4 画いて

8　サッカーの歴史はマラドーナを（　　）して語れない。

1 なしに　　　　　　2 なしで　　　　　　3 扱いで　　　　　　4 抜きに

9　様々な要因を勘案した（　　）、最終的な方針を決定したいと考えています。

1 うえで　　　　　　2 うえも　　　　　　3 うえから　　　　　4 うえにも

10　保存方法に書いてある通りに保存した（　　）、冷蔵庫が壊れて食品が傷んでしまった。

1 だけに　　　　　　2 ものの　　　　　　3 ばかりに　　　　　4 あまりに

第3回 <ruby>だい<rt></rt></ruby><ruby>かい<rt></rt></ruby>

<ruby>次<rt>つぎ</rt></ruby>の<ruby>文<rt>ぶん</rt></ruby>の（　　）に<ruby>入<rt>い</rt></ruby>れるものに<ruby>最<rt>もっと</rt></ruby>もよいものを、1・2・3・4から<ruby>一<rt>ひと</rt></ruby>つ<ruby>選<rt>えら</rt></ruby>びなさい。

1 <ruby>驚<rt>おどろ</rt></ruby>いた（　　）、<ruby>大<rt>おお</rt></ruby>きな<ruby>地震<rt>じしん</rt></ruby>の<ruby>後<rt>あと</rt></ruby>、ボランティアが<ruby>全国<rt>ぜんこく</rt></ruby>から<ruby>集<rt>あつ</rt></ruby>まってきた。

1 ばかりに　　　　2 ことに　　　　　3 せいか　　　　　4 せいで

2 <ruby>新医療特約<rt>しんいりょうとくやく</rt></ruby>は1<ruby>回<rt>かい</rt></ruby>の<ruby>入院<rt>にゅういん</rt></ruby>（　　）、<ruby>最高<rt>さいこう</rt></ruby>120<ruby>日分<rt>にちぶん</rt></ruby>まで<ruby>保証<rt>ほしょう</rt></ruby>する。

1 にしても　　　　2 にあたって　　　3 につけて　　　　4 につき

3 <ruby>暴雨<rt>ぼうう</rt></ruby>で<ruby>飛行機<rt>ひこうき</rt></ruby>が<ruby>飛<rt>と</rt></ruby>べない（　　）がある。

1 おそれ　　　　　2 おそろしさ　　　3 こわさ　　　　　4 みぞれ

4 <ruby>虫<rt>むし</rt></ruby>に<ruby>刺<rt>さ</rt></ruby>されてかゆくて（　　）。

1 <ruby>仕様<rt>しよう</rt></ruby>がない　　2 どうもならない　3 しかたない　　　4 どうにもとまらない

5 <ruby>虚偽情報<rt>きょぎじょうほう</rt></ruby>の<ruby>拡散<rt>かくさん</rt></ruby>は、ネット<ruby>捜査隊<rt>そうさたい</rt></ruby>によって<ruby>取<rt>と</rt></ruby>り<ruby>締<rt>し</rt></ruby>まる（　　）。

1 べきだ　　　　　2 ことだ　　　　　3 ものだ　　　　　4 わけだ

6 <ruby>子供<rt>こども</rt></ruby>（　　）<ruby>理解<rt>りかい</rt></ruby>できることをわからないなんて、<ruby>理解<rt>りかい</rt></ruby>しがたい。

1 から　　　　　　2 だけ　　　　　　3 さえ　　　　　　4 からして

7 その<ruby>議案<rt>ぎあん</rt></ruby>には<ruby>賛否両論<rt>さんぴりょうろん</rt></ruby>があったが、ぜひ<ruby>通過<rt>つうか</rt></ruby>してほしい（　　）。

1 べきだ　　　　　2 ことだ　　　　　3 わけだ　　　　　4 ものだ

8 この<ruby>文法書<rt>ぶんぽうしょ</rt></ruby>は<ruby>説明<rt>せつめい</rt></ruby>が<ruby>難<rt>むずか</rt></ruby>しい（　　）、<ruby>知<rt>し</rt></ruby>らない<ruby>語彙<rt>ごい</rt></ruby>も<ruby>多<rt>おお</rt></ruby>すぎる。

1 <ruby>上<rt>うえ</rt></ruby>から　　　　2 <ruby>上<rt>うえ</rt></ruby>に　　　　　　3 <ruby>上<rt>うえ</rt></ruby>でも　　　　4 <ruby>上<rt>うえ</rt></ruby>では

9 <ruby>就職面接<rt>しゅうしょくめんせつ</rt></ruby>の<ruby>日<rt>ひ</rt></ruby>までに、<ruby>何<rt>なん</rt></ruby>とかしてやせ（　　）。

1 たいものだ　　　2 たいことだ　　　3 たいべきだ　　　4 たいからだ

10 <ruby>岡本綺堂<rt>おかもときどう</rt></ruby>が『<ruby>修善寺物語<rt>しゅぜんじものがたり</rt></ruby>』を<ruby>書<rt>か</rt></ruby>く（　　）となったお<ruby>面<rt>めん</rt></ruby>が<ruby>展示<rt>てんじ</rt></ruby>されています。

1 <ruby>原因<rt>げんいん</rt></ruby>　　　　　2 <ruby>理由<rt>りゆう</rt></ruby>　　　　　3 きっかけ　　　　4 <ruby>目的<rt>もくてき</rt></ruby>

問題解答編

<ruby>問<rt>もん</rt></ruby><ruby>題<rt>だい</rt></ruby><ruby>解<rt>かい</rt></ruby><ruby>答<rt>とう</rt></ruby><ruby>編<rt>へん</rt></ruby>

I <ruby>文<rt>ぶん</rt></ruby><ruby>型<rt>けい</rt></ruby><ruby>学<rt>がく</rt></ruby><ruby>習<rt>しゅう</rt></ruby><ruby>編<rt>へん</rt></ruby>の<ruby>解<rt>かい</rt></ruby><ruby>答<rt>とう</rt></ruby>

II まとめの<ruby>問<rt>もん</rt></ruby><ruby>題<rt>だい</rt></ruby>の<ruby>解<rt>かい</rt></ruby><ruby>答<rt>とう</rt></ruby>

◎Ⅰ　文型学習編の解答

1	① b	② a	35	① a	② c
2	① c	② c	36	① b	② a
3	① a	② a	37	① b	② c
4	① b	② c	38	① c	② a
5	① b	② c	39	① b	② a
6	① a	② b	40	① c	② a
7	① a	② a	41	① b	② c
8	① b	② c	42	① a	② c
9	① b	② b	43	① b	② c
10	① c	② a	44	① b	② a
11	① b	② c	45	① c	② b
12	① a	② b	46	① a	② b
13	① c	② a	47	① c	② a
14	① c	② c	48	① b	② c
15	① a	② c	49	① a	② b
16	① b	② a	50	① c	② a
17	① c	② b	51	① c	② a
18	① a	② c	52	① c	② a
19	① a	② b	53	① c	② b
20	① c	② a	54	① a	② c
21	① b	② c	55	① b	② a
22	① b	② a	56	① c	② b
23	① c	② a	57	① a	② b
24	① b	② c	58	① c	② b
25	① a	② c	59	① a	② c
26	① b	② a	60	① c	② b
27	① c	② b	61	① a	② b
28	① a	② b	62	① b	② a
29	① c	② a	63	① b	② c
30	① b	② a	64	① c	② a
31	① c	② a	65	① b	② a
32	① b	② c	66	① c	② a
33	① a	② b	67	① b	② a
34	① c	② b	68	① a	② b

69	① a	② b	103	① a	② c
70	① c	② b	104	① b	② a
71	① c	② a	105	① c	② b
72	① c	② a	106	① a	② c
73	① b	② c	107	① b	② a
74	① b	② c	108	① c	② a
75	① c	② b	109	① b	② c
76	① a	② b	110	① a	② b
77	① a	② c	111	① c	② a
78	① b	② a	112	① b	② c
79	① c	② b	113	① a	② b
80	① a	② c	114	① a	② b
81	① a	② b	115	① b	② c
82	① c	② b	116	① c	② b
83	① c	② a	117	① c	② b
84	① b	② c	118	① b	② a
85	① a	② b	119	① a	② c
86	① c	② a	120	① b	② a
87	① b	② c	121	① c	② b
88	① a	② b	122	① a	② c
89	① c	② a	123	① b	② a
90	① b	② c	124	① c	② b
91	① a	② b	125	① a	② c
92	① c	② a	126	① b	② a
93	① b	② c	127	① c	② a
94	① b	② a	128	① b	② c
95	① a	② c	129	① a	② b
96	① c	② b	130	① c	② a
97	① b	② a	131	① b	② c
98	① a	② c	132	① c	② b
99	① c	② b	133	① a	② c
100	① b	② a	134	① b	② a
101	① a	② c	135	① c	② a
102	① c	② b	136	① b	② c

◎Ⅰ <ruby>文<rt>ぶん</rt></ruby><ruby>型<rt>けい</rt></ruby><ruby>学<rt>がく</rt></ruby><ruby>習<rt>しゅう</rt></ruby><ruby>編<rt>へん</rt></ruby>の<ruby>解<rt>かい</rt></ruby><ruby>答<rt>とう</rt></ruby>

137	① a	② b	169	① a	② c
138	① b	② c	170	① b	② a
139	① a	② b	171	① b	② c
140	① c	② a	172	① b	② a
141	① b	② a	173	① a	② c
142	① c	② b	174	① b	② c
143	① a	② c	175	① a	② b
144	① b	② a	176	① c	② c
145	① c	② b	177	① c	② b
146	① a	② c	178	① a	② c
147	① b	② a	179	① b	② a
148	① c	② b	180	① c	② b
149	① a	② c	181	① a	② b
150	① b	② b	182	① c	② a
151	① c	② a	183	① b	② c
152	① c	② a	184	① a	② b
153	① a	② c	185	① c	② a
154	① b	② c	186	① b	② c
155	① a	② b	187	① a	② c
156	① c	② a	188	① c	② b
157	① b	② c	189	① c	② b
158	① a	② b	190	① c	② b
159	① c	② b	191	① a	② c
160	① b	② c	192	① b	② a
161	① a	② b	193	① c	② b
162	① c	② a	194	① a	② c
163	① b	② c	195	① b	② a
164	① a	② b	196	① c	② b
165	① c	② a	197	① c	② a
166	① b	② a	198	① b	② a
167	① b	② c	199	① c	② b
168	① b	② c	200	① c	② a

◎ⅠⅠ　まとめの問題の解答

番号	第1回	第2回	第3回
1番	2	2	2
2番	3	4	4
3番	1	1	1
4番	4	3	3
5番	1	2	1
6番	4	1	3
7番	3	3	4
8番	1	4	2
9番	2	1	1
10番	4	2	3

索引
さくいん

Ⅰ あいうえお順
じゅん

Ⅱ 機能別（代表例文）
きのうべつ だいひょうれいぶん

◎Ⅰ　あいうえお順

索引

239

索引

索引

索引

索引

索引

◎Ⅱ　機能別（代表例文）

索引

◎Ⅱ　機能別（代表例文）

◎Ⅱ　<ruby>機能別<rt>きのうべつ</rt></ruby>（<ruby>代表例文<rt>だいひょうれいぶん</rt></ruby>）

<ruby>機能<rt>きのう</rt></ruby>	<ruby>番号<rt>ばんごう</rt></ruby>	<ruby>文型<rt>ぶんけい</rt></ruby>
<ruby>関係<rt>かんけい</rt></ruby>・<ruby>無関係<rt>むかんけい</rt></ruby>・ <ruby>否定<rt>ひてい</rt></ruby>など	69	〜を<ruby>問<rt>と</rt></ruby>わず ●●●
	70	〜もかまわず ●●●
	71	〜はともかく（として） ●●●
	72	〜はさておき ●●
	73	〜に<ruby>関<rt>かか</rt></ruby>わって／〜に<ruby>関<rt>かか</rt></ruby>わり、〜に<ruby>関<rt>かか</rt></ruby>わる ●○
	74	〜にかかわりなく／〜にかかわらず ●○（<ruby>参照<rt>さんしょう</rt></ruby> 93 にもかかわらず）
	75	〜わけがない／〜わけはない ●●
	76	〜わけではない／〜わけでもない／〜というわけではない ●●
	77	〜わけにはいかない ●●（話）（<ruby>参照<rt>さんしょう</rt></ruby> 169 わけにもいかない）
	78	〜わけだ／〜というわけだ ●●
	79	〜どころか ●●
	80	〜どころではない／〜どころじゃない ●●
	81	〜ものか／〜ものですか ●●（話）
	82	〜ものか／もんか、〜ものですか／もんですか ●●（話）
<ruby>条件<rt>じょうけん</rt></ruby>・<ruby>仮定<rt>かてい</rt></ruby>など	83	〜<ruby>限<rt>かぎ</rt></ruby>り（は）／〜ない<ruby>限<rt>かぎ</rt></ruby>り、〜<ruby>限<rt>かぎ</rt></ruby>り（では） ●●●
	84	〜<ruby>次第<rt>しだい</rt></ruby>で／<ruby>次第<rt>しだい</rt></ruby>では／<ruby>次第<rt>しだい</rt></ruby>だ ●●●（硬）（<ruby>参照<rt>さんしょう</rt></ruby> 15 <ruby>次第<rt>しだい</rt></ruby>）
	85	〜<ruby>抜<rt>ぬ</rt></ruby>きに／〜<ruby>抜<rt>ぬ</rt></ruby>きで／〜<ruby>抜<rt>ぬ</rt></ruby>きにして（は） ●●●
	86	〜につけて ●●●
	87	〜としたら／〜すれば／〜すると ●●●
	88	〜にしたら／すれば／しても、〜にしてみたら／みれば ●●
	89	〜れるものなら／〜れるもんなら ●●
	90	〜（よ）うものなら／〜（よ）うもんなら ●●
	91	〜かのようだ ●○
	92	〜ないことには ○○

索引

◎Ⅱ　機能別（代表例文）(きのうべつ・だいひょうれいぶん)

索引

索引

◎Ⅱ　機能別（代表例文）
きのうべつ　だいひょうれいぶん

◎ Ⅱ　機能別（代表例文）
(き のう べつ)　(だいひょうれいぶん)

機能 (き のう)	番号 (ばんごう)	文型 (ぶんけい)
強調・軽重 (きょうちょう・けいちょう)	162	～てでも
	163	～ぐらい／～くらい
	164	～など／～なんか／～なんて
	165	～として～ない （硬）
主張・判断 (しゅちょう・はんだん)	166	～ざるを得ない (え)
	167	～に決まっている (き) （話）
	168	～に違いない／～に相違ない (ちが)(そう い) （硬）（書）
	169	～わけにもいかない （話） （参照 77 わけにはいかない） (さんしょう)
	170	～にすぎない
	171	～にほかならない （硬）（書）
	172	～しかない／～ほかない／～よりほかない （－）
	173	～てしかたがない／～てしょうがない （参照 191 てたまらない） (さんしょう)
	174	～てならない／～でならない
	175	～てかなわない （硬）（－）
	176	～てみせる
	177	～ないではいられない／～ずにはいられない
	178	～ないわけに（は／も）いかない （話）
	179	～に越したことはない (こ)
提案・意志・アドバイス (てい あん・い し)	180	～ものだ／～ものではない〈アドバイス〉 （参照 138, 186） (さんしょう)
	181	～べきだ／～べきではない
	182	～ことはない
	183	～ではないか／～（よ）うではないか （硬）
	184	～ことだ〈忠告・アドバイス〉 (ちゅうこく)

◎Ⅱ　機能別（代表例文）
きのうべつ　だいひょうれいぶん

索引

【監修者紹介】

◎南雲智：東京都立大学名誉教授。2019 年、一般社団法人留学生就職サポート協会を設立し、理事長に就任。日本企業で働きたい外国人留学生向けに各種教育・啓発活動を行い、優秀な外国人留学生の就職をサポートしている。

【著者紹介】

◎尹貞源：元大妻女子大学国際センター日本語講師

よくわかる！日本語能力試験　Ｎ２合格テキスト〈文法〉

2023 年 11 月 10 日　初版第 1 刷発行

監　修　南雲　智
著　者　尹　貞源
発行者　森下紀夫
発行所　論　創　社

〒 101-0051 東京都千代田区神田神保町 2-23　北井ビル

tel. 03（3264）5254　fax. 03（3264）5232　https://ronso.c o.jp

振替口座　00160-1-15526

本文・カバーデザイン　岡本美智代（mos96）
印刷・製本　精文堂印刷　組版　桃青社
ISBN978-4-8460-2244-0